콜롬북스 어플
무료 MP3, 스마트폰에서 바로듣자! (동영상 강의 및 MP3)

MP3를 듣는 가장 스마트한 방법

- 앱스토어 또는 구글플레이 스토어에서 '콜롬북스' 다운로드 및 설치
- 회원가입 후 원하는 도서를 검색하여 MP3 듣기

구매하고 싶은 책은 바로 구매!

〈내 서재〉에 저장하여 모아보기!

콜롬북스를 설치하세요.

알 아 두 기

- 파일을 다운로드시 Wifi 환경을 권장합니다.
- 통신망 이용 시 사용하시는 요금제에 따라 요금이 부과될 수 있음을 알려드립니다.
- 운영체제에 따라 지원되는 기능이 상이합니다.(스토어에 있는 어플 설명 참조)

열정으로 가득한 초심자의 마음가짐으로,
독자님과 함께 커가는 지식의 나무가 되겠습니다.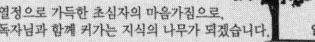

중국어는 뻔한 패턴의 반복이다

중국어는 뻔한 패턴의 반복이다

초판 발행	2010년 11월 20일
초판 15쇄	2020년 02월 15일
저자	김영조
발행인	이진곤
발행처	씨앤톡
등록일자	2003년 5월 22일
등록번호	제 313-2003-00192호
ISBN	978-89-6098-138-6 (13720)
주소	경기도 파주시 문발로 405 출판도시 씨앤톡 사옥 3층
홈페이지	www.seentalk.co.kr
전화	02-338-0092
팩스	02-338-0097

ⓒ 2010, 씨앤톡 See&Talk

중국어는 뻔한 패턴의 반복이다

Preface

중학교 체육 시간에 수영에 대해 배운 적이 있습니다.
수업은 당연히 교실에서 이루어졌습니다.
그 수업은 어땠을까요?

손으로 물살을 가르는 느낌은 말로 설명할 수 있는 것이 아닙니다.
물살에 익숙한 사람만이 설명을 이해할 수 있습니다.

언어도 이와 마찬가지입니다.
패턴 혹은 문장에 익숙해진 사람이 문법을 쉽게 이해하는 것이지
문법을 이해해서 패턴을 알 수 있는 것은 아닙니다.

처음부터 끝까지
중국어의 중심은 패턴입니다.

| 패턴으로 | 문법을 이해하고
단어를 이해하고
듣고
말하고
읽고
쓰고 | 문법이
단어가
듣기가
말하기가
읽기가
쓰기가 | 패턴을 강화합니다. |

90개의 주옥과 같은 패턴을 징검다리 삼아
여러분의 중국어 실력이 무럭무럭 늘어가는 모습을 상상해 봅니다.

활용 방법 탐구

중국어는 반복!
반복만이 살 길이에요.
핵심 패턴을 반복해서 익히는 습관이 말문을 틔워 주고
패턴에 문장을 붙여 보는 문장 응용 반복이 회화를 살려 줘요.

나중에 다시 복습해야지라는 안이한 생각은 당장에 접어 둬요.
지금 이 자리에서 다 외우고 내 것으로 만들고 말겠다는
비장한 각오로 시작해요.

패턴을 내 것으로 만드는 순간 중국어가 만만해져요.
머릿속에서 맴돌던 생각이 입에서 나올 때까지 반복해 보아요.
패턴 속 문법이 해결되고 회화에 자신감이 생겨요.

눈으로만 읽겠다는 생각, 간단히 패스하고 지금 입으로 말해요.

구성과 특징 탐구

이 책은 매 패턴마다 **step**1과 **step**2로 나누어져 있어요.
복잡하게 생각 말고, 회색 바만 쫓아가세요.
먼저 **step**1로 기본 패턴을 확인하고, 욕심을 내서 **step**2까지
마스터해요.

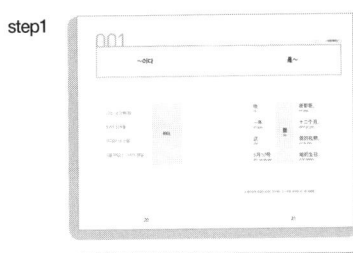

유례없는 패턴 탐구

패턴이 만들어내는 문장을 관찰해 보아요.
패턴의 성향을 이해하고 각각의 취향을 분석해야 해요.
패턴 뒤에 이어지는 표현 역시 일련의 패턴이 있어요.
어색하지 않은 표현, 그 법칙은 따로 있어요.

중국어의 가장 기본적인 패턴에서 시작하여 동작의 상태, 조동사, 의문대명사, 비교, 강조, 반어, 부정, 접속사, 부사, 전치사, 특수구문 등을 학습해요.

유례없는 패턴의 패턴 분류로
중국어 회화의 새로운 패턴을 만들어요!

실전 응용 탐구

군더더기 없는 워크북 시스템으로
90개의 핵심 패턴을 익히고 반복해요.

1. 먼저 익히고 싶은 표현부터 찾아보아요.
2. 그에 해당하는 중국어를 어떻게 말할까 먼저 고민해요.
3. step1의 회색바를 통해 기본 패턴을 확인해요.
4. step1을 마스터했다면 페이지를 넘겨 step2로 이동해요.
5. 주어진 패턴을 이용해 스스로 다른 문장들도 만들어 말해 보아요.

이제 이 책 한 권이면 중국어 회화 문제 없어요!

01 중국어의 기본 패턴

001	~이다	是~	020
002	~이(가) 아니다	不是~	024
003	~이(가) 있다	有~	028
004	~이(가) 없다	没有~	032
005	~에 있다	在~	036
006	~하세요	请~	040

02 동작의 상태를 나타내는 패턴

007	~하고 있다	正在~(呢)	050
008	~했다	~了	054
009	~한 적이 있다	~过	058
010	~하자	~吧	062
011	곧 ~한다	就要~了	066
012	곧 ~한다	快要~了	070
013	~ 하고 나서 ~하다	等~再~	074
014	우선 ~하고 나서 ~하다	先~, 再~	078
015	~하면 ~할 것이다	~了~就~	082
016	~한 지 ~(시간)이 되었다	~了~了	086

03 조동사와 결합하는 패턴

017	~하고 싶다	想~	096
018	~할 수 있다	能~	100
019	반드시 ~해야 한다	一定要~	104
020	또 ~하려고 한다	还要~	108
021	~하지마	不要~	112
022	~일(할) 것이다	会~(的)	116
023	~해도 돼?	可以~吗?	120
024	~해줄 수 있어요?	能不能~?	124
025	~해드릴까요?	要不要~?	128

04 의문대명사 및 의문형 패턴

026	누가 ~?/누구?	谁~?	142
027	언제~?	什么时候~?	146
028	~무엇?	~什么?	150
029	~어디?/어디에서~?	~什么地方?/在什么地方~?	154
030	~어디에?/어디에서~?	~哪儿?/在哪儿~?	158
031	~어때?	~怎么样?	162
032	어떻게 ~합니까?	怎么~?	166
033	왜 ~?	为什么~?	170

034	몇~?	几~?	174
035	~얼마나 되나?/얼마나 ~한가?	(有)多~?	178
036	~얼마/얼마나?	多少~?	182
037	~하면 ~하다	什么就~什么	186
038	~니?	~吗?	190
039	~있니?	有~吗?	194
040	~할래?	~好吗?	198
041	~인가, 아닌가?/~아냐?	是不是~?	202
042	~가 있어, 없어?	有没有~?	206
043	~아니면 ~?	~还是~?	210
044	~이죠?	~吧?	214

05 비교형 패턴

045	~ 보다	比~	224
046	~와(과) 같다/~와(과) 같이	跟~一样	228
047	~만큼 ~하다	有~那么~	232
048	~만큼 ~지 않다/~만 못하다	不如~	236
049	~할수록 ~하다	越~越~	240
050	점점/갈수록 ~하다	越来越~	244
051	~한 것 같다	好像~	248

06 강조, 반어, 부정 표현 패턴

052	~마저/조차 ~하다	连~也/都~	258
053	반드시 ~하려고 한다	非要~不可	262
054	조금도 ~하지 않다	一点儿~也/都不~	266
	조금도 ~이(가) 없다	一点儿~也/都没有	
055	더 이상 ~하지 않겠다	再也不~了	270
056	더할 나위 없이 ~하다	再~不过了	274
057	~하지 않는 것이 아니다	不是不~	278
	~하지 않는 것이 아니라 ~다	不是不~, 是~	
058	아무것도 ~지 않다	什么都不~	282
	아무 ~도 ~지 않다	什么~都不~	
059	어떻게 ~하지 않을 수 있겠어?	怎么能~呢?	286
060	아직 ~하지 않았다	还没~呢	290

07 접속사와 결합하는 패턴 (조건, 가정, 양보, 원인)

061	~할 뿐만 아니라 ~하다	不但~, 而且~	302
062	~한다면 말이야	如果~的话	306
063	~하기만 하면 ~하다	只要~就~	310
064	~하기만 하면 ~하다	一~就~	314

065	~해야만 ~한다	只有~才~	318
	~해야만 ~할 수 있다	只有~才能~	
066	~하면 된다	~就行了	322
067	~했으면 좋겠어	要是~就好了	326
068	~면 충분해	~就够了	330
069	그렇지 않으면~	要不然~	334
070	비록 ~지만 ~한다	虽然~, 但是~	338
071	~든지/~간에	不管~, 都~	342
072	아무리 ~한다 해도	再~也	346
073	~하면서 ~하다	一边~一边~	350
074	~하기도 하고 ~하기도 하다	又~又~	354
075	~하든지, ~하든지,	要么~, 要么~,	358
076	~하기 때문에 ~하다	因为~, 所以~	362

08 부사와 결합하는 패턴

077	하마터면 ~할 뻔했다	差点儿没~	370
078	여태껏 ~한 적이 없다	从来没~过	374
079	~해서야	~才	378

09 전치사와 결합하는 패턴

080	~까지 아직 ~ 남았다	离~还有~	386
081	~를 제외하고 모두/다~	除了~以外~都~	390
	~외에도 또~	除了~以外~还/也~	
082	~을 위해서 ~하다	为~而~	394
083	~에게 ~하다	对~很~	398
	~에게는/~로서는	对 ~来说,	
084	~에서 ~까지	从~到~	402
	~에서 ~까지 ~(시간)걸린다	从~到~要~	

10 동사가 절과 결합하는 패턴

085	~하길 바란다	希望~	410
086	~하길 빕니다	祝你~!	414
087	내 생각에는 ~인 것 같다	我觉得~	418
088	~해줘서 고마워요	谢谢~	422

11 특수구문 패턴

089	~을 ~에/으로 ~하다	把~到~	430
090	~에 의해/~에게 ~하다	被~	434

001	~이다	是~
002	~이(가) 아니다	不是~
003	~이(가) 있다	有~
004	~이(가) 없다	没有~
005	~에 있다	在~
006	~하세요	请~

01

중국어의
기본패턴

 Point

1 중국어의 기본 패턴

[1] ~이다 是~

是는 판단동사로 어떤 사실을 단정합니다.

〔공식〕 A+是+B

他是中国人。
그는 중국인이다.

[2] ~이(가) 아니다 不是~

동사 是의 부정형은 부정부사 不를 쓰고 没는 쓰지 않습니다.

〔공식〕 A+不是+B

我不是医生。
나는 의사가 아니다.

[3] ~이(가) 있다 有~

동사 有는 소유나 존재를 나타낼 때 쓰입니다.

〔공식〕 주어+有+목적어(사람, 사물)

他有一本词典。
그는 사전 한 권을 갖고 있다.

Key Point

[4] ~이(가) 없다 没有~

동사 有의 부정형은 부정부사 没를 쓰고 不는 쓰지 않습니다.

(공식) 주어+没有+목적어(사람, 사물)

我没有哥哥。
나는 오빠가 없다.

[5] ~에 있다 在~

동사 在는 앞에 사람이나 사물이 오고 그 뒤에는 장소명사가 옵니다.

(공식) 주어(사람, 사물)+在+장소

他在房间里。
그는 방 안에 있다.

[6] ~하세요 请~

请은 상대방에게 정중히 부탁하거나 건의할 때 쓰입니다.

(공식) 请+주어+동사+(목적어)

请你原谅。
양해해 주세요.

001

~이다

그는 내 오빠(형)

1년은 12개월

이것은 내 선물

5월 10일은 그녀의 생일

이다.

step 1 • 패턴확인 □

是~

他 Tā		我哥哥。 wǒ gēge.
一年 Yì nián	是 shì	十二个月。 shí'èr ge yuè.
这 Zhè		我的礼物。 wǒ de lǐwù.
5月10号 Wǔ yuè shí hào		她的生日。 tā de shēngrì.

■ 혈연관계, 친밀한 관계의 경우에는 조사 的를 생략합니다. 예) 我哥哥

~이다

내 취미는 독서

우리 누나는 고등학교 3학년

서울은 한국의 수도

용은 상서로운 동물

이다.

step 2 • 패턴응용

是~

我的爱好 Wǒ de àihào		读书。 dú shū.
我姐姐 Wǒ jiějie	是 shì	高中三年级。 gāozhōng sān niánjí.
首尔 Shǒu'ěr		韩国的首都。 Hánguó de shǒudū.
龙 Lóng		一种吉祥的动物。 yì zhǒng jíxiáng de dòngwù.

- 龙 lóng 용. 吉祥 jíxiáng 상서롭다.

~이(가) 아니다

나는 학생이

그는 한국인이

저것은 내 여권이

이것은 내 중국어 책이

아니다.

step 1 • 패턴확인

不是~

我 Wǒ		学生。 xuésheng.
他 Tā	**不是** bú shì	韩国人。 Hánguórén.
那 Nà		我的护照。 wǒ de hùzhào.
这 Zhè		我的汉语书。 wǒ de Hànyǔ shū.

■ 护照 hùzhào 여권.

~이(가) 아니다

내 여동생은 스튜어디스가

그의 생일은 7월이

내가 좋아하는 사람은 우리 반 친구가

이 비행기는 미국에서 온 것이

아니다.

step 2 • 패턴응용

不是~

我妹妹 Wǒ mèimei		空姐。 kōngjiě.
他的生日 Tā de shēngrì	**不是** bú shì	七月。 qī yuè
我喜欢的人 Wǒ xǐhuan de rén		我们班同学。 wǒmen bān tóngxué.
这架飞机 Zhè jià fēijī		从美国来的。 cóng Měiguó lái de.

■ 空姐 kōngjiě 스튜디어스. 架 jià 대(비행기를 세는 양사).

~이(가) 있다

우리 집에는 네 식구

그는 많은 친구

나는 한 명의 아이

우리 반에는 20명의 급우

가 있다.

step 1 • 패턴확인

有~

我家 Wǒ jiā		四口人。 sì kǒu rén.
他 Tā	**有** yǒu	很多朋友。 hěn duō péngyou.
我 Wǒ		一个孩子。 yí ge háizi.
我们班 Wǒmen bān		二十名同学。 èrshí míng tóngxué.

~이(가) 있다

이곳에는 많은 명승고적

동물원에 오리 떼

은행 맞은편에 커피숍

축구장 옆에 테니스장

이(가) 있다.

step 2 • 패턴응용

有~

这里 Zhèlǐ		很多名胜古迹。 hěn duō míngshènggǔjì.
动物园里 Dòngwùyuán lǐ	**有** yǒu	一群鸭子。 yì qún yāzi.
银行对面 Yínháng duìmiàn		一个咖啡馆。 yí ge kāfēiguǎn.
足球场旁边 Zúqiúchǎng pángbiān		一个网球场。 yí ge wǎngqiúchǎng.

■ 名胜古迹 míngshènggǔjì 명승고적. 群 qún 무리, 떼. 鸭子 yāzi 오리.

~이(가) 없다

그는 누나

나는 돈

나는 핸드폰   **이(가) 없다.**

방안에 사람

step 1 • 패턴확인

没有~

他 Tā		姐姐。 jiějie.
我 Wǒ	**没有** méiyǒu	钱。 qián.
我 Wǒ		手机。 shǒujī.
屋子里 Wūzi lǐ		人。 rén.

~이(가) 없다

남동생은 신용카드

이 상점에는 막걸리

하늘에 구름 한 점

이 곳은 어떤 변화

이(가) 없다.

step 2 ● 패턴응용

没有~

弟弟 Dìdi		信用卡。 xìnyòngkǎ.
这个商店 Zhè ge shāngdiàn	没有 méiyǒu	米酒。 mǐjiǔ.
天空 Tiānkōng		一点云彩。 yìdiǎn yúncai.
这个地方 Zhè ge dìfang		什么变化。 shénme biànhuà.

■ 信用卡 xìnyòngkǎ 신용카드. 米酒 mǐjiǔ 막걸리. 天空 tiānkōng 하늘. 云彩 yúncai 구름.

~에 있다

그는 집

그 책은 책상

누나는 왕란이 있는 곳

은행은 상점 옆

에 있다.

step 1 • 패턴확인

在~

他 Tā		家。 jiā.
那本书 Nà běn shū	**在** zài	桌子上。 zhuōzi shàng.
姐姐 Jiějie		王兰那儿。 Wáng Lán nàr.
银行 Yínháng		商店旁边。 shāngdiàn pángbiān.

■ 旁边 pángbiān 옆.

~에 있다

열쇠는 책가방 안

학교는 우체국 앞

서점은 우체국 뒤

우체국은 학교와 서점 사이

에 있다.

step 2 • 패턴응용

在~

钥匙 Yàoshi		书包里。 shūbāo lǐ.
学校 Xuéxiào	在 zài	邮局前边。 yóujú qiánbian.
书店 Shūdiàn		邮局后边。 yóujú hòubian.
邮局 Yóujú		学校和书店中间。 xuéxiào hé shūdiàn zhōngjiān.

■ 钥匙 yàoshi 열쇠. 书包 shūbāo 책가방.

#

~하세요

여기에 앉으

차 드

잠시만 기다려 주

살펴 가

세요.

step 1 • 패턴확인

请~

请
Qǐng

坐在这儿。
zuò zài zhèr.

喝茶。
hē chá.

稍等。
shāo děng.

慢走。
màn zǒu.

~하세요

여기에 서명을 하

주의해서 들어 주

내일 오전에 다시 오

모두들 조용히 하

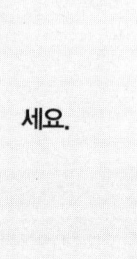

세요.

step 2 • 패턴응용

请～

请
Qǐng

您在这儿签名。
nín zài zhèr qiānmíng.

你们注意收听。
nǐmen zhùyì shōutīng.

你明天上午再来。
nǐ míngtiān shàngwǔ zài lái.

大家安静一下。
dàjiā ānjìng yíxià.

■ 签名 qiānmíng 사인하다. 收听 shōutīng 청취하다.

007	~하고 있다	正在~(呢)
008	~했다	~了
009	~한 적이 있다	~过
010	~하자	~吧
011	곧 ~한다	就要~了
012	곧 ~한다	快要~了
013	~ 하고나서 ~하다	等~再~
014	우선 ~하고 나서 ~하다	先~, 再~
015	~하면 ~할 것이다	~了~就~
016	~한 지 ~(시간이)되었다	~了~了

동작의 상태를 나타내는 패턴

 Point

2 동작의 상태를 나타내는 패턴

[1] ~하고 있다 正在~(呢)

동작행위가 한창 진행 중임을 나타낼 때 동사 앞에 正在를 써서 표현합니다.

〔공식〕 주어+正在+동사+목적어+(呢)

她正在唱歌呢。
그녀는 노래를 부르고 있다.

[2] ~했다 ~了

동작행위의 완료를 나타낼 때는 동사 뒤에 동태조사 了를 씁니다. 뒤에 있는 목적어 앞에는 기타 관형어가 수식을 합니다.

〔공식〕 주어+동사+了+(기타 수식어+목적어)

我看了两本书。
나는 책 두 권을 보았다.

[3] ~한 적이 있다 ~过

과거의 경험을 나타낼 때는 동사 뒤에 동태조사 过를 씁니다.

〔공식〕 주어+동사+过+(목적어)

Key Point

我去过上海。
나는 상하이에 간 적이 있다.

[4] ~하자 ~吧

상대방에게 건의나 권고를 할 때는 어기조사 吧를 씁니다.

〔공식〕 주어+동사+목적어+吧

我们去看电影吧。
우리 영화보러 가자.

[5] 곧 ~할 것이다 就要~了

어떤 상황이 빠른 시간 내에 장차 발생함을 나타낼 때 就要~了를 쓰며 就 앞에는 주로 시간사가 오게 됩니다.

〔공식〕 주어+(시간사)+就要+동사+(목적어)+了

他就要去美国了。
그는 곧 미국에 간다.

[6] 곧 ~할 것이다 快要~了

어떤 상황이 곧 오게 됨을 나타낼 때 快要~了를 쓰며 快 앞에는 시간사를 쓰지 않습니다. 흔히 要를 생략하기도 합니다.

〔공식〕 주어+快要+동사+了

 Point

飞机快要起飞了。
비행기가 곧 이륙한다.

[7] ~하고 나서 ~하다 等~再~

어떤 동작행위를 마치고 나서 다른 행위를 이어서 하게 될 때 等~再~의 형식으로 표현합니다.

〔공식〕 等+동사+再+동사+(목적어)

等下了课再出去玩。
수업 끝나고 나서 나가서 놀자.

[8] 우선 ~하고 나서 ~하다 先~, 再~

두 동작행위를 선후로 계속할 때 先~, 再~의 형식으로 표현합니다.

〔공식〕 주어+先+동사, 再+동사+(목적어)

我先去上课，再去医院。
나는 우선 수업하러 가고 나서 병원에 갈 거다.

[9] ~하면 ~할 것이다 ~了~就~

어떤 동작행위가 미래의 어느 시간에 완료됨을 나타낼 때 ~了~就~를 써서 표현합니다.

〔공식〕 주어+동사+了+목적어+就+동사+(목적어)

 Point

我吃了饭就去看电影。
난 밥 먹으면 영화 보러 갈 것이다.

[10] ~한 지 ~(시간이) 되었다 ~了~了

어느 동작행위를 한 지 어느 시간이 경과했으며 앞으로 계속될 것임을 나타낼 때는 ~了~了의 형식으로 표현합니다. 了와 了 사이에는 시간보어를 씁니다.

〔공식〕주어+동사+了+시간사+了

我学了一个月了。
나는 배운지 한 달 되었다.

'~了~了' 패턴의 부정형은 첫 번째 了 뒤에 没有를 쓰고 문장 끝의 了는 삭제합니다.

我学了没有一个月。(O)　　我学了没有一个月了。(×)
난 배운 지 한 달이 되지 않았다.

~하고 있다

그들은 책을 보

그녀는 춤을 추

나는 녹음을 듣

어머니는 TV연속극을 보

고 있다.

step 1 • 패턴확인

正在~(呢)

他们 Tāmen		看书 kàn shū
她 Tā	正在 zhèngzài	跳舞 tiàowǔ
我 Wǒ		听录音 tīng lùyīn
妈妈 Māma		看电视剧 kàn diànshìjù

呢。
ne.

- 正在 뒤에는 흔히 문장 끝에 진행과 확인의 어감을 나타내는 呢를 쓰기도 합니다.
- 录音 lùyīn 녹음.

~하고 있다

우리는 회의하

그들은 술을 마시

그녀는 배드민턴을 치

나는 시험 준비하

고 있다.

step 2 • 패턴응용

正在~(呢)

我们 Wǒmen		开会 kāi huì	
他们 Tāmen	正在 zhèngzài	喝酒 hē jiǔ	呢。 ne.
她 Tā		打羽毛球 dǎ yǔmáoqiú	
我 Wǒ		准备考试 zhǔnbèi kǎoshì	

- 羽毛球 yǔmáoqiú 배드민턴. 客厅 kètīng 거실.

~했다

그녀는 편지 한 통을 썼

나는 국수 한 그릇을 먹었

나는 손님 두 분을 만났

나는 중국어책을 한 권 샀

다.

step 1 • 패턴확인 □

~了

她写 Tā xiě		一封信。 yì fēng xìn.
我吃 Wǒ chī	了 le	一碗面条。 yì wǎn miàntiáo.
我见 Wǒ jiàn		两位客人。 liǎng wèi kèrén.
我买 Wǒ mǎi		一本汉语书。 yì běn Hànyǔshū.

- 동작의 완료를 나타내는 了는 목적어 앞에 수량사나 기타 수식어가 쓰이게 됩니다.
- 封 fēng 통, 꾸러미(양사).

~했다

계약이 만기가 되었

어제 그들은 영화를 보았

지난 주에 중국에 갔었

나는 커피숍에서 메리를 보았

다.

step 2 • 패턴응용

~了

合同到期
Hétong dào qī

昨天他们看电影
Zuótiān tāmen kàn diànyǐng

上个星期我去中国
Shàng ge xīngqī wǒ qù Zhōngguó

我在咖啡厅里看见玛丽
Wǒ zài kāfēitīng lǐ kànjiàn Mǎlì

了。
le.

- 이미 발생한 일을 나타낼 때 문장 끝에 **了**가 쓰입니다.
- 到期 dào qī 만기가 되다.

009

~한 적이 있다

나는 그를 만난

나는 중국에 간

그녀는 강아지 한 마리를 기른

나는 북경오리구이를 먹어본

적이 있다.

step 1 • 패턴확인

~过

我见 Wǒ jiàn		他。 tā.
我去 Wǒ qù	过 guo	中国。 Zhōngguó.
她养 Tā yǎng		一只小狗。 yì zhī xiǎogǒu.
我吃 Wǒ chī		北京烤鸭。 Běijīng kǎoyā.

- 只 zhī 마리(양사). 烤鸭 kǎoyā 오리구이.

~한 적이 있다

나는 그를 두 번 만난

나는 중국에 한 번 간

북경오리구이를 나는 두 번 먹은

그 중국영화를 나는 세 번 본

적이 있다.

step 2 • 패턴응용

~过

我见 Wǒ jiàn		他两次。 tā liǎng cì.
我去 Wǒ qù	过 guo	中国一次。 Zhōngguó yí cì.
北京烤鸭我吃 Běijīng kǎoyā wǒ chī		两次。 liǎng cì.
那部中国电影我看 Nà bù Zhōngguó diànyǐng wǒ kàn		三遍。 sān biàn.

■ 지시대명사가 관형어로 쓰인 목적어는 주로 주어 앞에 놓입니다.

~하자

우리 그를 만나러 가

우리 등산 가

우리 저녁에 술 한 잔 하

우리 거기 가서 쇼핑하

자.

step 1 • 패턴확인

~吧

我们去看他
Wǒmen qù kàn tā

我们去爬山
Wǒmen qù páshān

我们晚上喝酒
Wǒmen wǎnshang hē jiǔ

我们去那儿买东西
Wǒmen qù nàr mǎi dōngxi

吧。
ba.

010

~하자

우리 전화 연락하

우리 좀 일찍 가

우리 오전 8시에 출발하

우리 조용한 데로 가

자.

step 2 • 패턴응용

~吧

咱们电话联系
Zánmen diànhuà liánxì

我们早点儿去
Wǒmen zǎo diǎnr qù

我们上午八点出发
Wǒmen shàngwǔ bā diǎn chūfā

我们去安静的地方
Wǒmen qù ānjìng de dìfang

吧。
ba.

- 联系 liánxì 연락하다.

011

곧 ~한다

그들은		결혼한
나는		귀국한
우리는	곧	시험을 본	다.
그는		미국에 간

step 1 • 패턴확인

就要～了

他们 Tāmen		结婚 jiéhūn
我 Wǒ	就要 jiù yào	回国 huíguó
我们 Wǒmen		考试 kǎoshì
他 Tā		去美国 qù Měiguó

了。
le.

011

곧 ~한다

나는 내일		집에 돌아간
우리는 내일		이사간
그들은 다음 달에	곧	여행간	다.
그는 다음 주에		상하이에 간

step 2 • 패턴응용

就要~了

我明天 Wǒ míngtiān		回家 huíjiā	
我们明天 Wǒmen míngtiān	就要 jiù yào	搬家 bānjiā	了。 le.
他们下个月 Tāmen xià ge yuè		去旅行 qù lǚxíng	
他下星期 Tā xià xīngqī		去上海 qù Shànghǎi	

- 就 앞에는 주로 시간을 나타내는 어휘가 오게 됩니다. 의미가 비슷한 **快要~了**는 앞에 시간사를 쓰지 않습니다.
- 搬家 bānjiā 이사하다.

012

곧 ~한다

폭우가		그친
그녀의 생일이		다가온
우리 학교는	곧	방학한	다.
내 핸드폰은		전원이 다 되간

step 1 ● 패턴확인 □

快要~了

大雨 Dàyǔ	停 tíng	
她的生日 Tā de shēngrì	到 dào	
我们学校 Wǒmen xuéxiào	快要 kuài yào	放假 fàngjià	了。 le.
我的手机 Wǒ de shǒujī	没电 méi diàn	

- 就要 앞에는 시간사를 쓰지만 快要 앞에는 쓰지 않습니다.
- 停 tíng 그치다. 电 diàn 전기.

012

곧 ~한다

돈을		다 써간	
그들은	**곧**	졸업한	**다.**
토마토가		익는	
그는		사장이 된	

step 2 • 패턴응용

快要~了

- 花 huā 쓰다. 소비하다. 熟 shú 익다. 总经理 zǒngjīnglǐ 사장.

013

~하고 나서 ~하다

불을 끄		가
비가 그치		집에 가
밥을 다 먹	**고 나서**	말하	**다.**
다 씻		놀러 가

step 1 • 패턴확인

等~再~

等 Děng		再 zài	
	关灯 guān dēng		走。 zǒu.
	雨停了 yǔ tíngle		回家。 huíjiā.
	吃完饭 chī wán fàn		说。 shuō.
	洗完了 xǐ wánle		去玩儿。 qù wánr.

■ '等~再~'의 형식은 주로 시간이나 조건을 나타내며 再 대신에 就를 쓰기도 합니다.

013

~하고 나서 ~하자

졸업하		결혼하	
여름 방학이 지나		가	
그가 이쪽으로 오	**고 나서**	상의하	**자.**
문제가 확실해지		처리하	

step 2 · 패턴응용

等~再~

等 Děng	再 zài
毕了业 bìle yè	结婚吧。 jiéhūn ba.
过完了暑假 guò wánle shǔjià	走吧。 zǒu ba.
他来这里 tā lái zhèli	商量一下。 shāngliang yíxià.
问题清楚了 wèntí qīngchule	处理吧。 chǔlǐ ba.

- 毕业 bìyè 졸업하다(이합동사). 调查 diàochá 조사하다. 处理 chǔlǐ 처리하다.

014

우선 ~하고 나서 ~하다

	우선		**고 나서**		**다.**
그는		간식을 먹		밥을 먹는	
나는		천안문에 가		고궁에 간	
우리는		배를 타		택시를 탄	
우리는		비행기표를 사		쇼핑 간	

先~, 再~

	先 xiān		再 zài	
他 Tā		吃点儿点心, chī diǎnr diǎnxin,		吃饭。 chī fàn.
我 Wǒ		去天安门, qù Tiān'ānmén,		去故宫。 qù Gùgōng.
我们 Wǒmen		坐船, zuò chuán,		坐出租车。 zuò chūzūchē.
我们 Wǒmen		买飞机票, mǎi fēijīpiào,		去买东西。 qù mǎi dōngxi.

014

우선~하고 나서 ~하다

우리는		술을 마시러 가		가라오케에 간
나는		중국노래를 부르		팝송을 부른
그들은	우선	제품을 보	고 나서	살지 안 살지를 결정한	다.
우리는		이 책을 읽		역사박물관을 간

step 2 • 패턴응용

先~, 再~

我们 Wǒmen	去喝酒, qù hē jiǔ,		去唱卡拉OK。 qù chàng kǎlā OK.
我 Wǒ	唱中文歌曲, chàng Zhōngwén gēqǔ,	**先** xiān	唱英文歌曲。 chàng Yīngwén gēqǔ.
他们 Tāmen	看看产品, kànkan chǎnpǐn,	**再** zài	决定买不买。 juédìng mǎi bu mǎi.
我们 Wǒmen	读这本书, dú zhè běn shū,		去历史博物馆。 qù lìshǐ bówùguǎn.

- 再 앞에는 然后 ránhòu(~한 연후에)를 쓰기도 합니다.
- 卡拉OK kǎlā OK 가라오케. 노래방.

015

~하면 ~할 것이다

집에 도착하		전화할	
약을 먹으	**면**	나을	**것이다.**
열이 나		진료를 받아야 할	
돈이 생기		세탁기를 사러 갈	

step 1 • 패턴확인

~了~就~

到 Dào	家 jiā	打电话。dǎ diànhuà.
吃 Chī	药 yào	会好的。huì hǎo de.
发 Fā	烧 shāo	看医生。kàn yīshēng.
有 Yǒu	钱 qián	去买洗衣机。qù mǎi xǐyījī.

了 le　就 jiù

- '~了~就~'는 '만약 ~하면 ~하다'라고 해석합니다.
- 发烧 fāshāo 열이 나다.

015

~하면 ~할 것이다

나는 병가를 내고 나		입원할	
우리는 밥 먹고 나	**면**	출발할	**것이다.**
그는 일어나		조깅을 하러 갈	
나는 영화를 보고 나		숙제를 할	

step 2 • 패턴응용

~了~就~

我请 Wǒ qǐng	病假 bìngjià	住院。 zhùyuàn.
我们吃 Wǒmen chī	饭 fàn	出发。 chūfā.
他起 Tā qǐ	床 chuáng	去跑步。 qù pǎobù.
我看完 Wǒ kàn wán	电影 diànyǐng	做作业。 zuò zuòyè.

중간 열: 了 le / 오른쪽 열 상단: 就 jiù

■ 病假 bìngjià 병가. 住院 zhùyuàn 입원하다. 跑步 pǎobù 달리기하다. 出发 chūfā 출발하다.

016

~한 지 ~(시간)이 되었다

그는 온		사흘이
그는 죽은		1년이
핸드폰을 잃어버린	지	사흘이	되었다.
그녀는 한국에서 산		반 년 남짓

step 1 • 패턴확인

~了~了

他来 Tā lái	三天 sān tiān	
他死 Tā sǐ	一年 yì nián	了。 le.
手机丢 Shǒujī diū	三天 sān tiān	
她在韩国住 Tā zài Hánguó zhù	半年多 bàn nián duō	

■ 来, 死, 丢 등은 지속되지 않는 동사로 동작행위가 과거의 어느 시점에서 끝나고 현재까지 지난 시간을 나타냅니다.

016

~한 지 ~(시간)이 되었다

나는 그녀를 기다린		30분이	
나는 이 소설을 본	지	일주일이	되었다.
나는 중국어를 배운		2년이	
그 뉴스를 방송한		1개월이	

step 2 • 패턴응용

~了~了

我等她等 Wǒ děng tā děng		三十分钟 sānshí fēnzhōng	
这本小说我看 Zhè běn xiǎoshuō wǒ kàn	了 le	一个星期 yí ge xīngqī	了。 le.
我学汉语学 Wǒ xué Hànyǔ xué		两年 liǎng nián	
这个新闻广播 Zhè ge xīnwén guǎngbō		一个月 yí ge yuè	

- 목적어가 있을 때는 동사를 반복합니다. 지시대명사의 수식을 받는 특정한 목적어는 동사를 반복하지 않고 문장 앞에 씁니다.
- 广播 guǎngbō 방송하다.

017	~하고 싶다	想~
018	~할 수 있다	能~
019	반드시 ~해야 한다	一定要~
020	또 ~하려고 한다	还要~
021	~하지마	不要~
022	~일(할) 것이다	会~(的)
023	~도 돼?	可以~吗?
024	~해줄 수 있어요?	能不能~?
025	~해드릴까요?	要不要~?

03

조동사와
결합하는
패턴

 Point

3 조동사와 결합하는 패턴

[1] ~하고 싶다 想~

주관적인 염원, 생각, 희망 사항, 계획을 나타낼 때 想을 씁니다.

> [공식] 주어+想+동사+(목적어)

我想去中国。
나는 중국에 가고 싶다.

[2] ~할 수 있다 能~

주관적인 능력이나 객관적인 상황의 허용을 나타낼 때 能을 씁니다.

> [공식] 주어+能+동사+(목적어)

他自己能处理好这件事
그는 혼자서 이 일을 잘 처리할 수 있다.

[3] 반드시 ~해야 한다 一定要~

강한 필요성을 나타낼 때 一定要를 씁니다. 주로 상대방에게 신신당부하는 말이므로 2인칭 대상에 쓰이게 됩니다.

> [공식] 주어+一定要+동사+(목적어)

你一定要学好汉语。
너는 반드시 중국어를 마스터해야 한다.

 Point

[4] 또 ~하려고 한다 还要~

어느 행위 이외에 추가로 다른 행위를 하고자 할 때 还要로 표현하며 주로 뒷 절 앞에 쓰입니다.

> [공식] 주어+还要+동사+(목적어)

我还要去见一个朋友。
나는 또 한 친구를 만나러 가려고 한다.

[5] ~하지마 不要~

2인칭 대상에게 강한 금지를 할 때 不要로 표현합니다.

> [공식] 주어+不要+동사+(목적어)

你不要忘了带照相机啊!
너 사진기 갖고 오는 것 잊지마!

[6] ~일(할) 것이다 会~(的)

어떤 상황에 대한 미래의 가능성을 나타낼 때 会를 씁니다.

> [공식] 주어+会+동사+(목적어)+(的)

天气会变化。
날씨가 변할 것이다.

Key Point

[7] ~해도 돼? 可以~吗?

상대방에게 어떤 행위의 허가를 요구할 때 可以~吗?로 표현합니다.

> [공식] 可以+동사+(목적어)吗?

我可以去玩儿吗?
내가 놀러가도 돼?

[8] ~해줄 수 있어요? 能不能~?

상황의 가능성을 타진할 때 能不能~?으로 표현합니다. 주로 정중하게 부탁할 때 쓰입니다.

> [공식] (주어)+能不能+동사+(목적어)?

能不能翻译呢?
번역할 수 있어요?

[9] ~해드릴까요? 要不要~?

상대방에게 봉사해줄 것을 허락 받을 때 要不要~?로 표현합니다.

> [공식] 要不要+(주어)+동사+(목적어)?

要不要我送你回家?
집에 데려다 드릴까요?

 Point

想 vs 要

둘 다 모두 어떤 일을 하려고 하는 바람을 나타내지만 想은 단지 희망사항을 나타낼 뿐 하려는 일을 하게 되는 여부는 확실치 않습니다. 要는 어조가 단호하고 주로 하려는 일을 하게 되는 경우에 쓰입니다.

要是明天不下雨，我想去旅游名胜古迹。
만일 내일 비가 안 오면 난 명승지를 유람할까한다.

她一定要去留学，谁反对也没用。
그녀는 꼭 유학을 가려고 하는데 아무도 그녀를 반대하지 못 한다.

能 vs 可以

둘 다 모두 어떤 상황의 허가를 나타낼 수 있습니다. 能은 의문문이나 부정문에 쓰여서 허가의 의미를 나타내지만 긍정문에는 허가의 의미로 쓰이지 않습니다. 可以는 긍정문과 부정문에 다 쓰입니다.

这儿能(可以)吸烟吗?
여기서 담배 피워도 돼요?

公共汽车里不能(不可以)抽烟。
버스 안에서는 담배를 피워서는 안 된다.

你可以来，也可以不来。
넌 와도 되고 안 와도 된다.

017

~하고 싶다

그녀는 그를 만나고

나는 자장면을 먹고

그는 그곳에 가보고

나는 세탁기를 사고

싶다.

step 1 • 패턴확인

想~

她 Tā		见他。 jiàn tā.
我 Wǒ	**想** xiǎng	吃炸酱面。 chī zhájiàngmiàn.
他 Tā		去那个地方。 qù nà ge dìfang.
我 Wǒ		买一台洗衣机。 mǎi yì tái xǐyījī.

■ 炸酱面 zhájiàngmiàn 자장면. 洗衣机 xǐyījī 세탁기.

017

~하고 싶다

나는 상해로 여행가고

나는 방을 예약하고

나는 너랑 친구로 사귀고

나는 친구와 함께 영화 보러 가고

싶다.

step 2 • 패턴응용

想~

我 Wǒ		去上海旅行。 qù Shànghǎi lǚxíng.
我 Wǒ	想 xiǎng	预定一个房间。 yùdìng yí gè fángjiān.
我 Wǒ		跟你交个朋友。 gēn nǐ jiāo ge péngyou.
我 Wǒ		跟朋友一起去看电影。 gēn péngyou yìqǐ qù kàn diànyǐng.

■ 预定 yùdìng 예약하다. 交朋友 jiāo péngyou 친구를 사귀다.

018

~할 수 있다

나는 회의에 참가할

그는 중국어를 마스터 할

나는 이 책을 봐서 이해할

그녀는 그 일을 해낼

수 있다.

step 1 • 패턴확인

能~

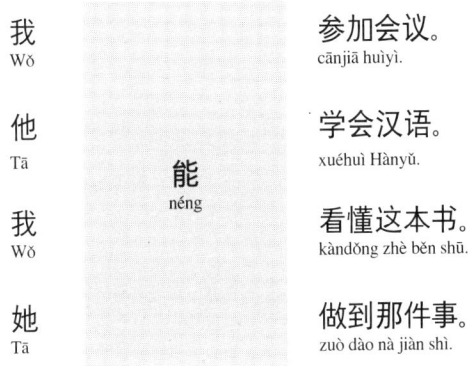

我 Wǒ		参加会议。 cānjiā huìyì.
他 Tā	能 néng	学会汉语。 xuéhuì Hànyǔ.
我 Wǒ		看懂这本书。 kàndǒng zhè běn shū.
她 Tā		做到那件事。 zuò dào nà jiàn shì.

■ 学会 xuéhuì 습득하다. 看懂 kàndǒng 보고 알다.

~할 수 있다

여기에서는 흡연할

안나는 매운 것을 먹을

그는 소파를 옮길

그는 만두 5근을 먹을

수 있다.

step 2 · 패턴응용

能～

这里 Zhèlǐ		吸烟。 xīyān.
安娜 Ānnà	能 néng	吃辣的。 chī là de.
他 Tā		搬动沙发。 bāndòng shāfā.
他 Tā		吃五斤饺子。 chī wǔ jīn jiǎozi.

■ 辣 là 맵다. 搬动 bāndòng 옮기다. 沙发 shāfā 소파.

019

반드시 ~해야 한다

너희는		조심해야	
너는		경기에 참석해야	
나는	**반드시**	중국에 가야	**한다.**
너는		우산을 갖고 가야	

step 1 • 패턴확인

一定要~

你们 Nǐmen		小心。 xiǎoxīn.
你 Nǐ	一定要 yídìng yào	参加比赛。 cānjiā bǐsài.
我 Wǒ		去中国。 qù Zhōngguó.
你 Nǐ		带上雨伞。 dài shàng yǔsǎn.

019

반드시 ~해야 한다

너는		다이어트를 해	
너는		내게 알려줘	
너희는	**반드시**	제시간에 돌아와	**야 한다.**
너는		안전에 신경 써	

step 2 • 패턴응용

一定要~

你 Nǐ		减肥。 jiǎnféi.
你 Nǐ		告诉我。 gàosu wǒ.
你们 Nǐmen	一定要 yídìng yào	按时回来。 ànshí huílái.
你 Nǐ		注意安全。 zhùyì ānquán.

- 减肥 jiǎnféi 다이어트. 按时 ànshí 제시간에. 注意 zhùyì 신경쓰다. 安全 ānquán 안전.

또 ~하려고 한다

그는		그녀를 만나러 가	
그는	**또**	다른 물건을 사	**려고 한다.**
그녀는		그 노래를 부르	
나는		한 달을 더 배우	

step 1 ● 패턴확인

还要~

他 Tā		去看她。 qù kàn tā.
他 Tā	**还要** hái yào	买别的东西。 mǎi bié de dōngxi.
她 Tā		再唱那首歌。 zài chàng nà shǒu gē.
我 Wǒ		再学一个月。 zài xué yí ge yuè.

또 ~하려고 한다

그들은		계림을 가	
나는	또	베이징으로 출장 가	려고 한다.
그는		자장면을 먹으	
그녀는		다른 중국차를 맛보	

step 2 • 패턴응용

还要~

他们 Tāmen		去桂林。 qù Guìlín.
我 Wǒ	还要 hái yào	去北京出差。 qù Běijīng chūchāi.
他 Tā		再吃炸酱面。 zài chī zhájiàngmiàn.
她 Tā		尝别的中国茶。 cháng bié de Zhōngguó chá.

- 桂林 Guìlín 계림(지명). 出差 chūchāi 출장가다. 尝 cháng 맛보다.

021

～하지마

너 수영하

너 말하

너 거기에 가

너 이 요리를 먹

지마.

step 1 • 패턴확인

不要~

你 Nǐ		游泳。 yóuyǒng.
你 Nǐ	**不要** bú yào	说话。 shuō huà.
你 Nǐ		去那里。 qù nàlǐ.
你 Nǐ		吃这个菜。 chī zhè ge cài.

021

~하지마

너 담배 피우

너 잊어버리

지마.

너 신을 벗

너 고추를 넣

step 2 • 패턴응용

不要~

你 Nǐ		抽烟。 chōuyān.
你 Nǐ	**不要** bú yào	忘了。 wàngle.
你 Nǐ		脱鞋。 tuō xié.
你 Nǐ		放辣椒。 fàng làjiāo.

■ 脱 tuō 벗다. 鞋 xié 신발. 辣椒 làjiāo 고추.

022

~일(할) 것이다

일은 해결될

그는 동의할

그의 병은 나을   것이다.

오늘 비가 올

step 1 • 패턴확인

会~(的)

事情 Shìqing		解决 jiějué
他 Tā	会 huì	同意 tóngyì
他的病 Tā de bìng		好 hǎo
今天 Jīntiān		下雨 xià yǔ

(的。) (de.)

■ 会를 쓰는 문장 끝에 확실하다는 어감을 주는 的를 붙여 쓰기도 합니다.

022

~일(할) 것이다

너는 실망할

그녀는 살이 찔

내 꿈은 이루어질

나는 너를 믿을

것이다.

step 2 • 패턴응용

会~

你 Nǐ		失望。 shīwàng.
她 Tā	会 huì	发胖。 fāpàng.
我的理想 Wǒ de lǐxiǎng		实现。 shíxiàn.
我 Wǒ		相信你。 xiāngxìn nǐ.

- 失望 shīwàng 실망하다. 发胖 fāpàng 살찌다. 理想 lǐxiǎng 꿈. 实现 shíxiàn 실현하다. 相信 xiāngxìn 믿다.

023

~도 돼?

내가 들어가

내가 춤춰

내가 놀러가

내가 전화를 좀 써

도 돼?

step 1 • 패턴확인

可以~吗?

我 Wǒ		进去 jìnqù	
我 Wǒ	可以 kěyǐ	跳舞 tiào wǔ	吗? ma?
我 Wǒ		去玩儿 qù wánr	
我 Wǒ		用一下电话 yòng yíxià diànhuà	

- '可以~吗?'는 '~, 可以吗?'라고 표현할 수도 있습니다. '我可以跳舞吗?'는 '我跳舞, 可以吗?'와 의미가 같습니다.
- 跳舞 tiàowǔ 춤을 추다.

023

~도 돼?

저 옷을 입어 봐

이 스낵을 좀 맛봐

네 컴퓨터를 좀 빌려

네 핸드폰을 좀 써

도 돼?

step 2 • 패턴응용

可以～吗?

那件衣服我
Nà jiàn yīfu wǒ

这个小吃我
Zhè ge xiǎochī wǒ

你的电脑我
Nǐ de diànnǎo wǒ

你的手机我
Nǐ de shǒujī wǒ

可以
kěyǐ

试试
shìshi

尝一尝
cháng yi cháng

借一下
jiè yíxià

用一下
yòng yíxià

吗?
ma?

- 试 shì 시도하다.(여기서는 옷을 입어본다는 뜻으로 쓰임.) 尝 cháng 맛보다.
  手机 shǒujī 핸드폰.

024

~해줄 수 있어요?

환전할

우산 하나 빌릴

좀 싸게 해줄

제게 조금 줄

수 있어요?

step 1 • 패턴확인

能不能～?

能不能
Néng bu néng

换钱？
huànqián?

借一把伞？
jiè yì bǎ sǎn?

便宜一点儿？
piányi yìdiǎnr?

给我一点儿？
gěi wǒ yìdiǎnr?

- 换钱 huànqián 환전하다. 便宜 piányi 싸다.

~해줄 수 있어요?

여기서 표 두 장 예매할

그는 내게 중국어를 가르쳐 줄

나에게 비밀번호를 알려줄

나에게 주소를 남겨줄

수 있어요?

step 2 ● 패턴응용

能不能～?

这儿 Zhèr		订两张票? dìng liǎng zhāng piào?
他 Tā	**能不能** néng bu néng	教我汉语? jiāo wǒ Hànyǔ?
你 Nǐ		告诉我密码? gàosu wǒ mìmǎ?
你 Nǐ		给我留个地址? gěi wǒ liú ge dìzhǐ?

■ 地址 dìzhǐ 주소. 密码 mìmǎ 비밀번호.

025

~해드릴까요?

제가 도와드

택시를 불러 드

릴까요?

만두를 좀 올

그에게 보내드

step 1 • 패턴확인

要不要~?

要不要
Yào bu yào

我帮你?
wǒ bāng nǐ?

叫出租车?
jiào chūzūchē?

来点儿饺子?
lái diǎnr jiǎozi?

我给他送过去?
wǒ gěi tā sòng guò qu?

- '要不要~?'는 주로 문장 앞에 쓰입니다.

~해드릴까요?

제가 모시고 가

제가 대신 편지를 받아

드릴까요?

제가 당신 아이를 데리고 가

제가 병원에 데려다

要不要～?

要不要
Yào bu yào

我陪你去?
wǒ péi nǐ qù?

我替你收信?
wǒ tì nǐ shōu xìn?

我带你孩子去?
wǒ dài nǐ háizi qù?

我送你去医院?
wǒ sòng nǐ qù yīyuàn?

026	누가 ~?/누구?	谁~?
027	언제~?	什么时候~?
028	~무엇?	~什么?
029	~어디?/어디에서~?	~什么地方?/在什么地方~?
030	~어디에?/어디에서~?	~哪儿?/在哪儿~?
031	~어때?	~怎么样?
032	어떻게 ~합니까?	怎么~?
033	왜 ~?	为什么~?
034	몇~?	几~?
035	~얼마나 되나?/얼마나 ~한가?	(有)多~?
036	~얼마/얼마나?	多少~?
037	~하면 ~하다	什么就~什么/~什么, ~就~什么
038	~니?	~吗?
039	~있니?	有~吗?
040	~할래?	~好吗?
041	~인가, 아닌가?/~아냐?	是不是~?
042	~가 있어, 없어?	有没有~?
043	~아니면 ~?	~还是~?
044	~이죠?	~吧?

04

의문대명사 및 의문형 패턴

 Point

4 의문대명사 및 의문형 패턴

[1] 누가 ~? / 누구? 谁~?

행위의 대상(사람)을 물어볼 때는 의문대명사 谁를 씁니다. 주로 주어의 위치에 놓입니다.

> (공식) 谁+동사+(목적어)?
> 　　　주어+동사+谁

谁教你汉语？
누가 당신에게 중국어를 가르칩니까?

[2] 언제~? 什么时候~?

시간을 나타내는 의문대명사 什么时候는 시간 부사어로 쓰이므로 주어와 동사 사이에 놓입니다.

> (공식) 주어+什么时候+동사+(목적어)?

你什么时候去中国？
언제 중국에 갑니까?

[3] ~무엇? ~什么?

대상(사물)을 물어볼 때는 의문대명사 什么를 씁니다. 주로 목적어의 위치에 놓입니다.

 Point

[공식] 주어+동사+什么?

他说什么?
그는 무엇을 말합니까?

[4] ~어디? / 어디에서~? 什么地方? / 在什么地方~?

장소를 나타내는 什么地方은 동사 뒤에 위치하며 '어디'나 '어느 곳'으로 해석합니다.

[공식] 주어+동사+什么地方?
　　　주어+在什么地方+동사?

你去什么地方旅行?
너 어디로 여행가니?

[5] 어디에~? / 어디에서~? ~哪儿? / 在哪儿~?

哪儿은 어디라는 뜻의 의문대명사로, 哪里와 같습니다.

[공식] 주어+동사+哪儿?
　　　주어+在哪儿+동사+(목적어)?

地铁站在哪儿?
지하철역은 어디에 있습니까?

 Point

[6] ~어때? ~怎么样?

어떤 상황이나 상태를 물어볼 때는 의문대명사 怎么样을 씁니다. 주로 문장 끝에 놓입니다.

〔공식〕 주어+怎么样?
주어+동사+목적어, 怎么样?

这个电影怎么样?
이 영화 어때?

[7] 어떻게 ~합니까? 怎么~?

성질, 상황, 방식, 원인 등을 물어볼 때는 의문대명사 怎么를 씁니다.

〔공식〕 주어+怎么+동사?

你怎么去学校?
너는 어떻게 학교에 가니?

[8] 왜 ~? 为什么~?

어떤 행위의 원인이나 이유를 물어볼 때는 의문대명사 为什么를 씁니다. 주로 주어와 술어 사이에 쓰입니다.

〔공식〕 为什么+동사?
주어+为什么+동사+(목적어)?

 Point

今天飞机为什么不起飞?
오늘 비행기가 왜 이륙하지 않습니까?

[9] 몇~? 几~?

수량을 물어볼 때는 쓰이는 의문대명사 几는 주로 10 미만의 경우에 쓰입니다.

> [공식] 주어+동사+几+(양사+명사)?

这个几块钱?
이거 몇 원입니까?

[10] ~얼마나 되나?/얼마나 ~한가? (有)多~?

무게, 온도, 높이, 깊이, 너비, 면적 등을 물어볼 때는 (有)多~?로 표현합니다.

> [공식] 주어+(有)+多+형용사?

长城有多长?
만리장성은 길이가 얼마인가?

[11] 얼마 / ~얼마나? ~多少?

수량을 물어볼 때는 쓰이는 의문대명사 多少는 주로 10 이상의 숫자를 물어볼 때 쓰입니다.

Point

[공식] 주어+동사+多少+명사?

首尔有多少人口？
서울은 인구가 얼마입니까?

[12] ~하면 ~하다 ~什么就~什么/~什么, ~就~什么

의문대사가 임의의 것을 나타낼 때는 의문을 나타내지도 대답을 요구하지도 않고 의문부호도 쓰지 않습니다. 특히 두 개의 같은 의문대명사인 什么를 앞뒤로 쓸 때에는 동일한 사물을 나타냅니다.

[공식] 주어+동사+什么+就+(동사)+什么
주어+동사+什么, 주어+就+동사+什么

我想做什么就做什么。
나는 하고 싶은 걸 한다.

[13] ~니? ~吗?

의문조사 吗는 평서문의 끝에 쓰이면 의문의 어기를 나타냅니다.

[공식] 주어+동사+(목적어)+吗?

她今天回国吗？
그녀는 오늘 귀국하니?

[14] ~있니? 有~吗?

소유나 존재를 물어볼 때는 有~吗?를 써서 표현합니다.

 Point

> [공식] 주어(사람 / 장소)+有+목적어+吗?

房间里有人吗?
방 안에 사람이 있습니까?

[15] ~할래? ~好吗?

상대방의 동의를 구하거나 부탁을 할 때는 문장 끝에 好吗?를 써서 표현합니다.

> [공식] 절, 好吗?
>   절, 동사+好吗?

我们去玩儿, 好吗?
우리 놀러 갈래?

[16] ~인가, 아닌가? /~아냐? 是不是~?

是는 긍정, 부정형이 되면 의문을 나타냅니다.

> [공식] 주어+是不是+목적어?
>   주어+是不是+동사+(목적어)?

他是不是大学生?
그는 대학생입니까, 아닙니까?

[17] ~가 있어, 없어? 有没有~?

사물의 소유나 존재 유무를 물어볼 때는 有没有~?로 표현합니다.

 Point

> [공식] 주어+有没有+목적어?
> 주어+有没有+목적어+<u>동사</u>+(목적어)?
>   수식어

那儿有没有空调?
거기에 에어컨 있습니까, 없습니까?

[18] ~아니면 ~? 还是

还是는 선택의문문에 쓰이는 접속사로 선택 가능한 두 가지 상황 사이에 쓰입니다. 주로 상대방이 둘 중 하나를 선택하도록 물어볼 때 쓰이는 의문문의 형식입니다.

> [공식] 주어+동사+목적어1+还是+목적어2
> 주어+동사+(목적어)+还是+동사+(목적어)

你吃面条还是吃米饭?
국수 먹을래 아니면 밥 먹을래?

[19] ~이죠? ~吧?

의문조사 吧는 평서문 뒤에 쓰여 추측의 어감을 갖는 의문문의 기능을 합니다.

> [공식] 주어+동사+(목적어)+吧?

这就是长城吧?
이게 바로 만리장성이죠?

 Point

tip 还是

선택을 나타내는 还是는 주로 의문문에 쓰이지만 종종 평서문에도 쓰입니다. 이 경우는 주로 '~还是~'절이 문장 내에서 동사의 목적어절로 쓰이거나 不知道, 还没决定 등과 호응하여 쓰입니다.

我不知道她是中国人还是韩国人。
난 그녀가 중국인인지 아니면 한국인인지 모른다.

我想吃饺子还是馒头，现在还没决定。
난 만두나 찐빵이 먹고 싶은데 지금 아직 결정하지 못 했다.

tip 怎么(방식) vs 怎么(원인)

의문대명사 怎么는 '어떻게(방식)'와 '왜(원인)', 두 가지로 해석합니다.

1. 과거형에서 了를 쓸 때는 원인을, 的를 쓸 때는 방식을 나타냅니다.

你怎么来了？(원인)　　你怎么来的？(방식)
너 왜 왔니?　　　　　　너 어떻게 왔니?

2. 동사 앞에 부사가 있으면 원인을 나타냅니다.

你怎么去？(방식)　　　你怎么才去？(원인)
넌 어떻게 가니?　　　　넌 왜 이제야 가니?

누가 ~?

누가	학교에 있니?
	네 남동생이지?
	중국을 좋아하지?
	노래를 부르지?

step 1 • 패턴확인

谁~?

谁
Shéi

在学校？
zài xuéxiào?

是你弟弟？
shì nǐ dìdi?

喜欢中国？
xǐhuan Zhōngguó?

唱歌？
chànggē?

026

누구~?

네 선생님은		니?
경찰을 부른 사람은	누구	지?
이건		의 가방이야?
저기는		의 집이니?

step 2 • 패턴응용

~谁?

你的老师是 ?
Nǐ de lǎoshī shì

叫警察的人是 ?
Jiào jǐngchá de rén shì

谁
shéi

这是 的包?
Zhè shì de bāo?

那儿是 的家?
Nàr shì de jiā?

- 警察 jǐngchá 경찰.

027

언제 ~?

당신은		귀국합니까?
당신들은	**언제**	결혼합니까?
그녀는		중국어를 공부합니까?
그는		한국에 옵니까?

step 1 • 패턴확인

什么时候~?

你 Nǐ		回国? huíguó?
你们 Nǐmen	**什么时候** shénme shíhou	结婚? jiéhūn?
她 Tā		学汉语? xué Hànyǔ?
他 Tā		来韩国? lái Hánguó?

027

언제 ~?

이 연속극은		방영합니까?
네 누나는		피아노를 치니?
오늘	**언제**	축구시합을 중계합니까?
우리		이 일을 상의합니까?

step 2 ▪ 패턴응용

什么时候~?

这个电视剧　　　　　　　　播出?
Zhè ge diànshìjù　　　　　　bōchū?

你姐姐　　　　　　　　　　弹钢琴?
Nǐ jiějie　　　　　　　　　　tán gāngqín?

　　　　　什么时候
　　　　　shénme shíhou

今天　　　　　　　　　　　转播足球赛?
Jīntiān　　　　　　　　　　zhuǎnbō zúqiúsài?

我们　　　　　　　　　　　商量这件事?
Wǒmen　　　　　　　　　　shāngliang zhè jiàn shì?

- 商量 shāngliang 상의하다. 弹钢琴 tán gāngqín 피아노를 치다. 转播 zhuǎnbō 중계하다. 播出 bōchū 방영하다.

028

~무엇?

이것은		입니까?
그는 성이	**무엇**	입니까?
당신은		을 원합니까?
그는		을 배웁니까?

step 1 • 패턴확인 □

~什么?

这是
Zhè shì

他姓
Tā xìng

你要
Nǐ yào

他学
Tā xué

什么?
shénme?

■ 姓 xìng 성이 ~이다.

028

~무엇?

가방 안에 있는 것은	**무엇**	입니까?
그가 좋아하는 음식은		입니까?
당신의 오토바이는	**무슨**	색입니까?
당신의 핸드폰은		브랜드 입니까?

step 2 • 패턴응용

~什么?

包里的东西是 Bāo lǐ de dōngxi shì		?
他爱吃的是 Tā ài chī de shì	**什么** shénme	?
你的摩托车是 Nǐ de mótuōchē shì		颜色的? yánsè de?
你的手机是 Nǐ de shǒujī shì		牌子的? páizi de?

■ 牌子 páizi 상표, 브랜드.

~어디?

	어디	
여기가		지?
너 지금		에 있니?
그는		에 가니?
내 책을		에 두었니?

step 1 • 패턴확인

~什么地方?

这是
Zhè shì

你现在在
Nǐ xiànzài zài

他去
Tā qù

我的书放在
Wǒ de shū fàng zài

什么地方?
shénme dìfang?

■ 什么地方은 什么와 地方의 합성어로 '어떤+곳'의 의미입니다.

29

어디에서~?

	어디에서	
네 오빠는		일하니?
너희는		만날 약속을 했니?
기차는		타니?
너는		밥 먹니?

step 2 • 패턴응용

在什么地方~?

你哥哥
Nǐ gēge

你们
Nǐmen

火车
Huǒchē

你
Nǐ

在什么地方
zài shénme dìfang

工作?
gōngzuò?

约会?
yuēhuì?

上车?
shàngchē?

吃饭?
chīfàn?

- 约会 yuēhuì 약속을 하다.

030

어디에~?

너는		가니?
그는	**어디에**	사니?
학교는		있니?
너희 집은		있니?

step 1 • 패턴확인

~哪儿?

你去
Nǐ qù

他住
Tā zhù

学校在
Xuéxiào zài

你家在
Nǐ jiā zài

哪儿?
nǎr?

어디에서 ~?

그는		운동하	
너희들은		일하	
	어디에서		**니?**
너는		그를 만나	
그들은		중국어를 배우	

step 2 • 패턴응용

在哪儿~?

他
Tā

你们
Nǐmen

你
Nǐ

他们
Tāmen

在哪儿
zài nǎr

运动?
yùndòng?

工作?
gōngzuò?

见他?
jiàn tā?

学汉语?
xué Hànyǔ?

031

~어때?

이거

날씨

너 몸은   어때?

이 옷

step 1 • 패턴확인

～怎么样?

这个
Zhè ge

天气
Tiānqì

你身体
Nǐ shēntǐ

这件衣服
Zhè jiàn yīfu

怎么样?
zěnmeyàng?

031

~어때?

우리 숙제 하는 건

우리 공원 가는 건

우리 영화보러 가는 건

우리 양꼬치 먹는건

어때?

step 2 • 패턴응용

～怎么样?

我们做作业,
Wǒmen zuò zuòyè,

咱们去公园,
Zánmen qù gōngyuán,

我们去看电影,
Wǒmen qù kàn diànyǐng,

我们吃羊肉串,
Wǒmen chī yángròuchuàn,

怎么样?
zěnmeyàng?

■ 羊肉串 yángròuchuàn 양꼬치.

032

어떻게 ~합니까?

사과는		팝니까?
이 요리는		먹습니까?
이 요리는	**어떻게**	만듭니까?
이 한자는		읽습니까?

step 1 • 패턴확인 □

怎么 ~?

苹果
Píngguǒ

这个菜
Zhè ge cài

这个菜
Zhè ge cài

这个汉字
Zhè ge Hànzì

怎么
zěnme

卖?
mài?

吃?
chī?

做?
zuò?

念?
niàn?

- 念 niàn (소리내어)읽다.

032

어떻게 ~합니까?

그 일은		처리합니까?
중국어로		말합니까?
지하철역에 가려면	**어떻게**	갑니까?
이 열쇠를		찾았어요?

step 2 ● 패턴응용

怎么~?

那件事
Nà jiàn shì

用汉语
Yòng Hànyǔ

去地铁站
Qù dìtiězhàn

这把钥匙
Zhè bǎ yàoshi

怎么
zěnme

办?
bàn?

说?
shuō?

走?
zǒu?

找到的?
zhǎo dào de?

■ 办 bàn (어떤 일을)하다. 처리하다.

033

왜 ~?

왜	웃어?
	울어?
	이렇게 해?
	중국을 좋아해?

step 1 • 패턴확인

为什么~?

为什么
Wèishénme

笑?
xiào?

哭?
kū?

这样做?
zhèyàng zuò?

喜欢中国?
xǐhuan Zhōngguó?

033

왜 ~?

너는		중국어를 공부하니?
그녀는	**왜**	혼자서 가니?
그는		나를 보러 오지 않니?
너는		여권을 갖고 오지 않니?

step 2 • 패턴응용

为什么~?

你 Nǐ		学汉语? xué Hànyǔ?
她 Tā	为什么 wèishénme	一个人走? yí ge rén zǒu?
他 Tā		不来看我? bù lái kàn wǒ?
你 Nǐ		不带护照? bú dài hùzhào?

■ 护照 hùzhào 여권.

034

몇 ~?

내일은	**무슨**	요일이지?
오늘은	**며칠**	이지?
집에		식구가 있어?
	몇	
너희 반 학생은		명이야?

step 1 • 패턴확인

几~?

明天星期 Míngtiān xīngqī		?
今天 Jīntiān	几 jǐ	号? hào?
你家有 Nǐ jiā yǒu		口人? kǒu rén?
你们班有 Nǐmen bān yǒu		名学生? míng xuésheng?

- 口 kǒu 식구(양사).

034

몇 ~?

	몇	
꼬마는 올해		살이니?
너는 한국에 온 지		년 됐니?
천안문에 가려면		번 차를 타니?
그는 매일 테니스를		시간 치니?

step 2 • 패턴응용

几~?

小朋友今年　　　　　　　　　　岁了?
Xiǎopéngyou jīnnián　　　　　　suì le?

你来韩国　　　　　　　　　　　年了?
Nǐ lái Hánguó　　　　　　　　　nián le?

　　　　　　　　　几
　　　　　　　　　jǐ

到天安门乘　　　　　　　　　　路车?
Dào Tiān'ānmén chéng　　　　　lù chē?

他每天打网球打　　　　　　　　个小时?
Tā měitiān dǎ wǎngqiú dǎ　　　ge xiǎoshí?

- 了는 시간보어 뒤에 쓰여 현재 시간까지 경과한 시간을 나타낼 때 쓰입니다.
- 乘 chéng 승차하다. 路 lù 노선. 번. 网球 wǎngqiú 테니스.

~얼마나 되나?

이 물고기는 무게가

서호는 깊이가

이 강은 폭이   **얼마나 되나?**

그 건물은 높이가

step 1 • 패턴확인 □

(有)多~?

这条鱼 Zhè tiáo yú		重? zhòng?
西湖 Xīhú	**(有)多** (yǒu) duō	深? shēn?
这条河 Zhè tiáo hé		宽? kuān?
那座楼 Nà zuò lóu		高? gāo?

- 동사 有는 흔히 생략 가능하며 多 뒤에는 1음절 형용사가 쓰입니다.
- 条 tiáo 마리, 줄기(양사). 西湖 Xīhú 서호(호수 이름). 深 shēn 깊다. 河 hé 강. 宽 kuān 넓다.

얼마나 ~한가?

서울의 면적은		되나?
그곳의 겨울은		추운가?
상하이의 여름은	**얼마나**	더운가?
여기에서 지하철역까지		먼가?

step 2 • 패턴응용

(有)多~?

首尔的面积 Shǒu'ěr de miànjī		大? dà?
那里的冬天 Nàlǐ de dōngtiān	**(有)多** (yǒu) duō	冷? lěng?
上海的夏天 Shànghǎi de xiàtiān		热? rè?
从这儿到地铁站 Cóng zhèr dào dìtiězhàn		远? yuǎn?

■ 面积 miànjī 면적.

~얼마 / 얼마나?

이 책		야?
토마토는 3근에		입니까?
서울은 인구가	**얼마/얼마나**	되나?
이곳은 상점이		있어?

step 1 • 패턴확인

多少~?

这本书是 Zhè běn shū shì		钱? qián?
西红柿 Xīhóngshì	**多少** duōshao	钱三斤? qián sān jīn?
首尔有 Shǒu'ěr yǒu		人口? rénkǒu?
这里有 Zhèlǐ yǒu		商店? shāngdiàn?

- 의문대명사 **多少**는 뒤에 양사를 쓰지 않을 수도 있습니다.

~얼마/얼마나?

돼지고기를		드릴까요?
달러를		환전합니까?
그는 물건을	**얼마/얼마나**	팔았나요?
그녀는 생활비를		썼나요?

step 2 • 패턴응용

多少~?

您要 Nín yào		猪肉? zhūròu?
你换 Nǐ huàn	多少 duōshao	美金? měijīn?
他卖了 Tā màile		东西? dōngxi?
她用了 Tā yòngle		生活费? shēnghuófèi?

- 猪肉 zhūròu 돼지고기.

037

~하면 ~하다

무엇을 달라고	**하면**	준다.
무엇을 먹고		먹는다.
무엇을 배우고	**싶으면**	배운다.
무엇을 알고		묻는다.

step 1 • 패턴확인

~什么就~什么

要 Yào		给 gěi
想吃 Xiǎng chī		吃 chī
想学 Xiǎng xué	什么就 shénme jiù	学 xué
想知道 Xiǎng zhīdào		问 wèn

什么。
shénme.

■ '什么~什么~'의 형식은 앞의 什么는 임의의 것을, 뒤의 什么는 앞에서 가리킨 특정한 사물을 가리킵니다. 그 什么와 什么사이에 就와 술어를 써서 전자가 후자를 결정합니다.

~하면 ~하다

네가 필요한 게		너에게 줄게.
네가 배우고 싶은 게	있으면	너에게 가르쳐 줄게.
네가 사고 싶은 게		너에게 사줄게.
네가 쓰고 싶은 게		너에게 빌려줄게.

step 2 • 패턴응용

~什么, ~就~什么

你要 Nǐ yào		我就给你 wǒ jiù gěi nǐ	
你想学 Nǐ xiǎng xué	什么, shénme,	我就教你 wǒ jiù jiāo nǐ	什么。 shénme.
你想买 Nǐ xiǎng mǎi		我就给你买 wǒ jiù gěi nǐ mǎi	
你想用 Nǐ xiǎng yòng		我就借给你 wǒ jiù jiè gěi nǐ	

■ 앞절과 뒷절의 주어는 다르지만 앞의 什么가 뒤의 什么를 결정합니다.

038

~니?

너는 남동생이 있

너는 상하이에 가

그는 한국인 이

네 집은 여기서 머

니?

step 1 • 패턴확인

~吗?

你有弟弟
Nǐ yǒu dìdi

你去上海
Nǐ qù Shànghǎi

他是韩国人
Tā shì Hánguórén

你家离这儿远
Nǐ jiā lí zhèr yuǎn

吗?
ma?

■ 离 lí ~에서.

038

~니?

너 경극 보러 가고 싶지 않

너 그가 귀국한 거 알고 있

그들은 중국 음식을 좋아하

너는 선생님 말씀 알아 들었

니?

step 2 • 패턴응용

~吗?

你不想去看看京剧
Nǐ bù xiǎng qù kànkan jīngjù

你知道他回国了
Nǐ zhīdào tā huíguó le

他们喜欢吃中国菜
Tāmen xǐhuan chī Zhōngguó cài

你听懂了老师的话
Nǐ tīngdǒng le lǎoshī de huà

吗?
ma?

039

~있니?

사무실에 사람이

주머니에 돈이

너 오늘 저녁에 시간

너 주말에 일이

있니?

step 1 • 패턴확인

有~吗?

办公室里 Bàngōngshì lǐ		人 rén	
口袋里 Kǒudài lǐ	有 yǒu	钱 qián	吗? ma?
你今天晚上 Nǐ jīntiān wǎnshang		空 kòng	
你周末 Nǐ zhōumò		事 shì	

- 口袋 kǒudài 주머니. 空 kòng 틈. 공백(명사). 비다(형용사).

039

~있니?

그들에게 무슨 일이

너는 남자친구가

책상위에 내 핸드폰이

여기에 칭다오 맥주가

있니?

step 2 • 패턴응용

有~吗?

他们 Tāmen		什么事 shénme shì	
你 Nǐ	有 yǒu	男朋友 nán péngyou	吗? ma?
桌子上 Zhuōzi shàng		我的手机 wǒ de shǒujī	
这儿 Zhèr		青岛啤酒 Qīngdǎo píjiǔ	

- 동사 有는 주어가 사람이면 소유를, 주어가 장소명사이면 사물이 존재함을 나타냅니다.

~할래?

수시로 나한테 전화해줄

전자사전 나한테 돌려줄

우리 같이 영화 보러 갈

우리 거기 가서 만두 먹을

래?

step 1 • 패턴확인 □

~好吗?

随时给我打电话,
Suíshí gěi wǒ dǎ diànhuà,

电子词典还给我,
Diànzǐ cídiǎn huán gěi wǒ,

我们一起去看电影,
Wǒmen yìqǐ qù kàn diànyǐng,

我们去那儿吃饺子,
Wǒmen qù nàr chī jiǎozi,

好吗?
hǎo ma?

- 이 형식은 앞에서는 화자의 생각이나 요구사항을 제시하고 뒤에는 好吗를 씁니다. 好吗 대신에 行吗, 可以吗, 好不好를 쓸 수 있습니다.
- 随时 suíshí 수시로, 언제나.

~할래?

미안한데 다시 한 번 말해

떠들지마, 잠시 조용히 해

종이를 다 썼는데, 몇 장

집에 없는데, 다음에 다시 와

줄래?

step 2 • 패턴응용

~好吗?

对不起, 再说一遍
Duìbuqǐ, zài shuō yí biàn,

别吵了, 安静一会儿
Bié chǎo le, ānjìng yíhuìr,

我用完了, 给我几张
Wǒ yòng wán le, gěi wǒ jǐ zhāng,

我不在家, 下次再来
Wǒ bú zài jiā, xià cì zài lái,

好吗?
hǎo ma?

■ 吵 chǎo 떠들다. **安静** ānjìng 조용하다.

04.1

~인가, 아닌가?

그는 학생

당신은 중국인

그녀는 유학생

그는 너의 형

인가, 아닌가?

step 1 • 패턴확인 □

是不是~?

他 Tā		学生? xuésheng?
你 Nǐ	是不是 shì bu shì	中国人? Zhōngguórén?
她 Tā		留学生? liúxuéshēng?
他 Tā		你哥哥? nǐ gēge?

■ **是不是** 뒤에 명사가 오면 사람이나 사물의 진위여부를 물어보는 표현입니다.

~아냐?

자리를 잘못 앉은 거

너 남자 친구 생긴 거

그는 나를 별로 안 좋아하는 거

우리는 좋은 기회를 놓친 거

아냐?

step 2 • 패턴응용

是不是~?

你 Nǐ		坐错了座位? zuò cuò le zuòwèi?
你 Nǐ	是不是 shì bu shì	有男朋友了? yǒu nán péngyou le?
他 Tā		不太喜欢我? bú tài xǐhuan wǒ?
我们 Wǒmen		错过了好机会? cuòguò le hǎo jīhuì?

- 是不是 뒤에 동사구나 절이 오면 이미 예상하고 있는 사실이나 상황을 다시 한 번 확인하는 의미로 쓰입니다.
- 坐错 zuò cuò 잘못 앉다. 座位 zuòwèi 자리, 좌석. 错过 cuòguò 잃다, 놓치다.

042

~가 있어, 없어?

여기 빈 방이

여자친구가

주말에 계획이

주변에 커피숍이

있어, 없어?

step 1 • 패턴확인

有没有~?

这儿 Zhèr		空房间? kōng fángjiān?
你 Nǐ	**有没有** yǒu méi yǒu	女朋友? nǚ péngyou?
周末 Zhōumò		安排? ānpái?
附近 Fùjìn		咖啡厅? kāfēitīng?

■ 空 kōng 비다. 安排 ānpái 계획.

~가 있어, 없어?

너 나에게 할 말이

너 나가 놀 시간이

넌 이 일을 해낼 자신이

그는 이번 시합에 참가할 자격이

있어, 없어?

step 2 • 패턴응용

有没有~?

你 Nǐ		话跟我说? huà gēn wǒ shuō?
你 Nǐ	**有没有** yǒu méi yǒu	时间出去玩儿? shíjiān chūqu wánr?
你 Nǐ		信心做好这件事? xìnxīn zuò hǎo zhè jiàn shì?
他 Tā		资格参加这次比赛? zīgé cānjiā zhè cì bǐsài?

- 有 뒤에 나오는 목적어를 꾸며주는 수식어는 반드시 목적어 뒤에 써야 합니다.

043

~아니면 ~?

그녀는 중국인이니		한국인이니?
그는 오전에 오니	**아니면**	오후에 오니?
넌 중국에 가니		일본에 가니?
커피 마실래		생수 마실래?

step 1 • 패턴확인

~还是~?

她是中国人 Tā shì Zhōngguórén		韩国人? Hánguórén?
他上午来 Tā shàngwǔ lái	还是 háishi	下午来? xiàwǔ lái?
你去中国 Nǐ qù Zhōngguó		去日本? qù Rìběn?
你喝咖啡 Nǐ hē kāfēi		喝矿泉水? hē kuàngquánshuǐ?

- 还是와 같은 뜻인 或者는 평서문에 쓰이고, 还是는 의문문에 쓰입니다.
- 咖啡 kāfēi 커피. 矿泉水 kuàngquánshuǐ 생수.

~아니면 ~?

	아니면	
너 싱글침대를 사니		더블침대를 사려고 하니?
그의 여자친구는 예쁘니		귀엽니?
우리는 비행기 타고 가니		배 타고 가니?
우리 영화 보러 갈래		테니스 치러 갈래?

step 2 ● 패턴응용

~还是~?

你要买单人床
Nǐ yào mǎi dānrénchuáng

他女朋友漂亮
Tā nǚ péngyou piàoliang

我们坐飞机去
Wǒmen zuò fēijī qù

我们去看电影
Wǒmen qù kàn diànyǐng

还是
háishi

双人床?
shuāngrénchuáng?

可爱?
kě'ài?

坐船去?
zuò chuán qù?

去打网球?
qù dǎ wǎngqiú?

■ 单人床 dānrénchuáng 싱글침대. 双人床 shuāngrénchuáng 더블침대.

~이죠?

이 분이 김선생님이시	
왕란은 자전거가 있	죠?
제가 만든 음식은 맛있	
우체국은 은행 맞은편에 있	

step 1 ● 패턴확인

~吧?

这位是金老师
Zhè wèi shì Jīn lǎoshī

王兰有自行车
Wáng Lán yǒu zìxíngchē

我做的菜很好吃
Wǒ zuò de cài hěn hǎochī

邮局在银行对面
Yóujú zài yínháng duìmiàn

吧?
ba?

- 吧는 상의, 부탁, 명령 등의 어기를 나타내지만 의문문에 쓰이면 추측과 확인의 어기를 갖습니다.

~이죠?

그녀는 아마 병이 난 거겠

그는 오늘 올 리가 없겠

당신은 책 읽기를 퍽 좋아하

초등학교는 내일 개학하

죠?

~吧?

她可能病了
Tā kěnéng bìng le

他今天不会来了
Tā jīntiān bú huì lái le

你很喜欢读书
Nǐ hěn xǐhuan dú shū

小学明天开学
Xiǎoxué míngtiān kāixué

吧?
ba?

045	~보다	比~
046	~와(과) 같다/~와(과) 같이	跟~一样
047	~만큼 ~하다	有~那么~
048	~만큼 ~지 않다/~만 못하다	不如~
049	~할수록 ~하다	越~越~
050	점점/갈수록 ~하다	越来越~
051	~한 것 같다	好像~

05

비 교 형 패 턴

 Point

5 비교형 패턴

[1] ~보다 比~

比는 비교하는 두 대상 사이에 쓰여 양자의 비교를 나타냅니다.

〔공식〕 A+比+B+형용사

火车比飞机慢多了。
기차는 비행기보다 훨씬 느리다.

[2] ~와(과) 같다/~와(과) 같이 跟~一样

비교하는 두 사물이나 사람이 비교의 결과가 똑같음을 나타낼 때 씁니다.

〔공식〕 A+跟+B+一样
　　　 A+跟+B+一样+형용사

她跟我一样高。
그녀는 나처럼 키가 크다.

[3] ~만큼 ~하다 有~那么~

비교하는 두 사물이나 사람이 엇비슷함을 나타낼 때 有~那么~로 표현합니다.

〔공식〕 A+有+B+那么+형용사

220

 Point

今天有昨天那么热。
오늘은 어제만큼 덥다.

[4] ~만큼 ~지 않다/~만 못하다 不如~

두 사물을 비교할 때 전자가 후자에 비교의 대상이 못됨을 나타낼 때 흔히 不如를 써서 표현합니다. 의미상 전자가 후자보다 좋지 않음을 나타냅니다.

〔공식〕 A+不如+B+형용사
　　　 동사구+不如+동사구

百闻不如一见
백 번 듣는 것은 한 번 보는 것만 못하다.

[5] ~할수록 ~하다 越~越~

어떤 상황이 어떤 정도 면에서 시간이 지날수록 달라짐을 나타낼 때 越~越~를 써서 표현합니다.

〔공식〕 주어+越+형용사/동사+越+형용사/동사
　　　 주어+越+형용사/동사, 주어+越+형용사/동사

孩子越大越不听话。
애가 클수록 말을 듣지 않는다.

Point

[6] 점점/갈수록 ~하다 越来越~

越来越는 越~越~의 쓰임과 같습니다. 越来越는 부사어로 쓰여 바로 서술어 앞에 쓰이며 종종 문장 끝에 상황의 변화를 나타내는 어기조사 了와 같이 쓰입니다.

> [공식] 주어+越来越+형용사+(了)

雨下得越来越大。
비가 갈수록 많이 내린다.

[7] ~한 것 같다 好像~

好像은 화자가 보기에 그다지 확실하지 않은 생각이나 견해를 나타낼 때 쓰입니다.

> [공식] 주어+好像+동사+(목적어)
> 절. 好像+동사+(목적어)

他好像病了。
그는 병이 난 것 같다.

Point

tip 比 vs 有

比와 有를 쓰는 비교문은 긍정형인 경우 분명한 차이가 있지만, 부정형인 경우는 비교하는 두 대상이 차이가 있을 수도 있고 양자가 모두 차이가 없을 수도 있습니다.

- 긍정형의 경우

  A比B大。　A는 B보다 나이가 많다.　A>B
  A有B大。　A는 나이가 B만큼 된다.　A=B

- 부정형의 경우

  A不比B大。　A는 B보다 나이가 많지 않다.　A<B
  　　　　　　A는 B와 나이가 비슷하다.　　A=B
  A没有B大。　A는 B보다 나이가 많지 않다.　A<B

045

~보다

	보다	
우리 형은 나		키가 크다.
그녀는 나		예쁘다.
이것은 저것		더 비싸다.
상하이는 베이징		더 덥다.

step 1 • **패턴확인**

比~

我哥哥 Wǒ gēge		我高。 wǒ gāo.
她 Tā	**比** bǐ	我漂亮。 wǒ piàoliang.
这个 Zhè ge		那个还贵。 nà ge hái guì.
上海 Shànghǎi		北京更热。 Běijīng gèng rè.

- 比를 쓰는 비교문은 형용사술어 앞에 비교부사 还나 更을 써서 강조합니다.

045

~보다

내가 먹은 것이 네가 먹은 것		많다.
북경에 가는 것은 천진에 가는 것	**보다**	멀다.
왕란이 말하는 것이 메리가 말하는 것		빠르다.
기차를 타는 것은 비행기를 타는 것		느리다.

比~

我吃得 Wǒ chī de		你多。 nǐ duō.
去北京 Qù Běijīng	比 bǐ	去天津远。 qù Tiānjīn yuǎn.
王兰说得 Wáng Lán shuō de		玛丽快。 Mǎlì kuài.
坐火车 Zuò huǒchē		坐飞机慢。 zuò fēijī màn.

~와(과) 같다

그의 생각은 나

그녀는 생긴 게 그녀의 어머니

그녀의 키는 그녀의 오빠

넌 중국어를 말하는 것이 중국인

와/과 같다.

step 1 • 패턴확인

跟~一样

	跟 gēn		一样。 yíyàng.
他的想法 Tā de xiǎngfǎ		我 wǒ	
她长得 Tā zhǎng de		她妈妈 tā māma	
她的个子 Tā de gèzi		她哥哥 tā gēge	
你的汉语说得 Nǐ de Hànyǔ shuō de		中国人 Zhōngguórén	

~와(과) 같이

오늘은 어제		춥다.
그녀는 나	**와/과 같이**	달리기가 빠르다.
왕란은 나		말을 유창하게 한다.
안나는 생긴 게 왕란		예쁘다.

step 2 • 패턴응용

跟~一样

今天 Jīntiān		昨天 zuótiān	冷。 lěng.
她跑得 Tā pǎo de	跟 gēn	我 wǒ	快。 kuài
王兰说得 Wáng Lán shuō de		我 wǒ	一样 yíyàng	流利。 liúlì.
安娜长得 Ānnà zhǎng de		王兰 Wáng Lán	漂亮。 piàoliang.

- '跟~一样'은 술어로 쓰여서 '~와 같다'로 해석되거나 관형어나 부사어로 쓰여 '~와 같이'로 해석됩니다.

~만큼 ~하다

그녀는 메리		예쁘	
오늘은 어제	**만큼**	춥	**다.**
왕란은 안나		똑똑하	
중국음식은 한국음식		맛있	

step 1 • 패턴확인

有~那么~

她 Tā		玛丽 Mǎlì	漂亮。 piàoliang.
今天 Jīntiān	有 yǒu	昨天 zuótiān	冷。 lěng.
王兰 Wáng Lán		安娜 Ānnà	聪明。 cōngmíng.
中国菜 Zhōngguó cài		韩国菜 Hánguó cài	好吃。 hǎochī.

- 여기의 동사 有는 어떤 상태나 정도가 어느 기준에 도달했음을 나타내는 용법으로 쓰입니다. 那么는 흔히 생략하기도 합니다.

047

~만큼 ~하다

	만큼		다.
그녀의 피부는 눈		하얗	
이 강은 저 강		넓	
이 방은 저 방		크	
이 나무는 3층 건물		높	

step 2 • 패턴응용

有~ 那么~

她的皮肤 Tā de pífū		雪 xuě		白。 bái.
这条河 Zhè tiáo hé	**有** yǒu	那条 nà tiáo	**那么** nàme	宽。 kuān.
这间屋子 Zhè jiān wūzi		那间 nà jiān		大。 dà.
这棵树 Zhè kē shù		三层楼 sān céng lóu		高。 gāo.

■ **皮肤** pífū 피부. **棵** kē 그루. 포기(식물을 세는 양사).

048

~만큼 ~지 않다 / ~만 못하다

	만큼		지 않다.
메리는 키가 안나		크	
내 차는 네 차		좋	
중국어는 영어		쉽	
나는 우리 엄마		예쁘	

step 1 • 패턴확인

不如~

玛丽 Mǎlì		安娜高。 Ānnà gāo.
我的车 Wǒ de chē	不如 bùrú	你的好。 nǐ de hǎo.
汉语 Hànyǔ		英语容易。 Yīngyǔ róngyì.
我 Wǒ		我妈妈漂亮。 wǒ māma piàoliang.

- **不如** 뒤에는 高, 容易, 漂亮, 好 등 처럼 긍정적인 의미의 형용사가 오고 부정적인 형용사는 오지 않습니다.

~만큼 ~지 않다 / ~만 못하다

국수를 먹는 것은 자장면만큼 맛있지 **않다.**

자전거 타는 것은 오토바이를 타는 것만큼 빠르지 **않다.**

TV를 보는 것은 영화를 보는 것만큼 재미 **없다.**

북경의 봄은 따뜻한 정도가 서울의 봄만 **못하다.**

step 2 • 패턴응용

不如~

吃面条 Chī miàntiáo		吃炸酱面好吃。 chī zhájiàngmiàn hǎochī.
骑自行车 Qí zìxíngchē	**不如** bùrú	骑摩托车快。 qí mótuōchē kuài.
看电视 Kàn diànshì		看电影有意思。 kàn diànyǐng yǒu yìsi.
北京的春天 Běijīng de chūntiān		首尔的春天暖和。 Shǒu'ěr de chūntiān nuǎnhuo.

■ 首尔 Shǒu'ěr 서울. 摩托车 mótuōchē 오토바이.

049

~할수록 ~하다

바람이 불		세진	
눈이 내릴	수록	많아진	다.
중국어를 말할		좋아진	
손님이 많을		좋	

step 1 • 패턴확인

越~越~

风 Fēng		刮 guā		大。dà.
雪 Xuě	越 yuè	下 xià	越 yuè	大。dà.
汉语 Hànyǔ		说 shuō		好。hǎo.
客人 Kèrén		多 duō		好。hǎo.

■ 刮风 guā fēng 바람이 불다.

~할수록 ~하다

바람이 세게 불		나는 무섭
네가 그에게 중고할		그는 기분 나빠한
어른이 꾸지람을 할	**수록**	애는 말을 듣지 않는	**다.**
선생님께서 나를 칭찬할		나는 기분이 좋

step 2 • 패턴응용

越~越~

风刮得 Fēng guā de		大，我就 dà, wǒ jiù		怕。 pà.
你 Nǐ	**越** yuè	劝他，他 quàn tā, tā	**越** yuè	不高兴。 bù gāoxìng.
大人 Dàrén		批评，孩子 pīpíng, háizi		不听话。 bù tīng huà.
老师 Lǎoshī		夸我，我就 kuā wǒ, wǒ jiù		开心。 kāi xīn.

■ 批评 pīpíng 꾸짖다. 夸 kuā 칭찬하다. 开心 kāi xīn 기분을 상쾌하게 하다.

050

점점 / 갈수록 ~하다

	점점/갈수록	
그녀는		예뻐진다.
날씨가		선선해진다.
유학생이		많아진다.
내 머리가		아파진다.

step 1 • 패턴확인

越来越~

	越来越 yuèláiyuè	
她 Tā		漂亮。 piàoliang.
天气 Tiānqì		凉快了。 liángkuai le.
留学生 Liúxuéshēng		多了。 duō le.
我的头 Wǒ de tóu		疼了。 téng le.

- 동작이나 상황에 변화가 생겼음을 나타낼 때 了를 씁니다.
- 凉快 liángkuai 시원하다. 疼 téng 아프다.

050

점점 / 갈수록 ~하다

팬더의 수가		줄어든다.
지금 일을 찾는 것은		어려워진다.
	점점/갈수록	
그의 아버지는 병세가		심해진다.
왕란은 영어 발음이		좋아진다.

越来越~

熊猫的数量 Xióngmāo de shùliàng		少了。 shǎo le.
现在找工作 Xiànzài zhǎo gōngzuò	**越来越** yuèláiyuè	难了。 nán le.
他父亲的病 Tā fùqīn de bìng		严重了。 yánzhòng le.
王兰的英语发音 Wáng Lán de Yīngyǔ fāyīn		好了。 hǎo le.

■ 发音 fāyīn 발음. 熊猫 xióngmāo 팬더.

051

~한 것 같다

뒤에서 누가 너를 부르는

그는 무슨 걱정거리가 있는

나는 너를 어디선가 본   **것 같다.**

그는 안나의 남자친구인

step 1 • 패턴확인

好像~

后边 Hòubiān		有人找你。 yǒu rén zhǎo nǐ.
他 Tā	**好像** hǎoxiàng	有什么心事。 yǒu shénme xīnshì.
我 Wǒ		在哪里见过你。 zài nǎli jiànguo nǐ.
他 Tā		是安娜的男朋友。 shì Ānnà de nán péngyou.

- 心事 xīnshì 걱정거리.

051

~한 것 같다

그의 말을 들으니 중국인인

그는 너에게 잘해주는데 너를 좋아하는

요 며칠 날씨가 정말 추운데 겨울인

그의 얼굴이 창백한데 병이 있는

것 같다.

step 2 • 패턴응용

好像~

听他说话,
Tīng tā shuō huà,

他对你很好,
Tā duì nǐ hěn hǎo,

这两天天气真冷,
Zhè liǎng tiān tiānqì zhēn lěng,

他的脸色苍白,
Tā de liǎnsè cāngbái,

好像
hǎoxiàng

是中国人。
shì Zhōngguórén.

喜欢你。
xǐhuan nǐ.

冬天了。
dōngtiān le.

有病的样子。
yǒu bìng de yàngzi.

- 脸色 liǎnsè 얼굴색. 苍白 cāngbái 창백하다. 样子 yàngzi 모양.

052	~마저/조차 ~하다	连~也/都~
053	반드시 ~하려고 한다	非要~不可
054	조금도 ~하지 않다	一点儿~也/都不~
	조금도~이(가) 없다	一点儿~也/都没有
055	더 이상 ~하지 않겠다	再也不~了
056	더할 나위 없이 ~하다	再~不过了
057	~하지 않는 것이 아니다	不是不~
	~하지 않는 것이 아니라 ~다	不是不~, 是~
058	아무것도 ~지 않다	什么都不~
	아무 ~도 ~지 않다	什么~都~不~
059	어떻게 ~하지 않을 수 있겠어?	怎么能~(呢)?
060	아직 ~하지 않았다	还没~呢

강조, 반어,
부정표현
패턴

 Point

6. 강조, 반어, 부정 표현 패턴

[1] ~마저/조차 ~하다 连~也/都~

강조하는 부분을 连과 也나 都 사이에 놓고, 뒤에는 동사의 긍정·부정형이 다 옵니다.

> 〔공식〕 주어+连+강조 대상+也 / 都+동사

连小孩子都知道。
어린애마저도 안다.

[2] 반드시 ~하려고 한다 非要~不可

非要와 不可 사이에 동사를 쓰며, 要는 종종 생략하기도 하며 得대신 得děi로 쓰기도 합니다.

> 〔공식〕 주어+非要+동사+不可

他非要坐飞机去不可。
그는 반드시 비행기로 가려고 한다.

'非要~不可'는 주관적인 의지나 바람을 나타내는 쓰임 외에도 필연성(반드시 …일 것이다)이나 필요(반드시 …해야 한다)를 나타냅니다. 要는 흔히 생략되곤 합니다.

 Point

你还不起床？今天上学非迟到不可。
너 아직도 일어나지 않니? 오늘 학교 지각할거야.

想学好汉语，非下苦功不可。
중국어를 마스터하려면 꼭 노력을 해야한다.

[3] 조금도 ~하지 않다/조금도 ~이(가) 없다 一点儿~也/都不/ 一点儿~也/都没有

一点儿 뒤에 也/都가 바로 오기도 하고, 一点儿과 也/都 사이에 강조 대상이 오기도 합니다.

〔공식〕주어+一点儿+也 / 都+不+동사 / 형용사
　　　주어+一点儿+(강조 대상)+也 / 都+没有

今天我一点儿也不想吃。
오늘 나는 조금도 먹고 싶지 않다

[4] 더 이상 ~하지 않겠다 再也不~了

也는 강조를 나타내며 생략하기도 하고, 문장 끝에는 了를 씁니다.

〔공식〕주어+再(也)不+동사+(목적어)+了

我再也不去那儿了。
난 더 이상 거기에 가지 않겠다.

 Point

[5] 더할 나위 없이 ~하다 再~不过了

최고의 경지에 이르렀음을 나타내는 최상급 표현입니다.

> [공식] 주어+再+형용사+不过了

今天天气再好不过了。
오늘 날씨가 더할 나위 없이 좋다.

[6] ~하지 않는 것이 아니다/~하지 않는것이 아니라 ~다
不是不~/ 不是不~, 是~

이중부정으로 강조하는 표현입니다. 원인을 설명할 때는 뒷절에 긍정형이 옵니다. 뒤에 긍정형 절을 써서, 원인을 설명할 때도 쓰입니다.

> [공식] 주어+不是不+동사+목적어
> 　　　 주어+不是不+동사+(목적어), 是+동사

我不是不想吃，是吃不下。
난 먹고 싶지 않은 것이 아니라 먹을 수 없는 것이다.

[7] 아무것도 ~지 않다/아무 ~도 ~지 않다
什么都不~/什么~都~不~

사물이나 장소 등에 예외가 없음을 나타냅니다.

> [공식] 주어+什么都不~+동사
> 　　　 주어+什么+명사+都不+동사

Point

他什么都不买。
그는 아무것도 사지 않는다.

[8] 어떻게 ~하지 않을 수 있겠어? 怎么能~呢?

부정부사 不를 쓸 때는 能 앞에 쓰지 않고 뒤에 쓰고, 呢는 생략할 수 있습니다.

> (공식) 주어+怎么能+동사+(呢)?
> 절, 주어+怎么能+동사+呢?

我怎么能不说呢?
내가 어떻게 말을 하지 않을 수 있겠어?

[9] 아직 ~하지 않았다 还没~呢

呢는 확인의 어감을 나타내며 생략할 수 있습니다.

> (공식) 주어+还没+동사+呢

他还没回国呢。
그는 아직 귀국하지 않았어요.

052

~마저 ~하다

이것은 초등학생		아는 것이다.
그는 방		팔았다.
	마저	
그녀는 내 밥		먹어버렸다.
나는 도서관에 있는 책		다 읽었다.

step 1 • 패턴확인

连~也/都~

	连 lián		也/都 yě/dōu	
这 Zhè		小学生 xiǎoxuéshēng		知道。 zhīdào.
他 Tā		房子 fángzi		卖了。 mài le.
她 Tā		我的饭 wǒ de fàn		吃掉了。 chīdiào le.
我 Wǒ		图书馆的书 túshūguǎn de shū		读完了。 dúwán le.

■ 连~也/都~'의 형식에서는 강조하는 부분을 连과 也나 都 사이에 놓습니다. 위의 문장에서는 也와 都를 모두 써도 되고, 둘 중 하나만 써도 됩니다. MP3 녹음파일에는 也都 모두 쓴 것으로 발음했습니다.

052

~조차 ~하다

그는 오늘 밥 한 끼		먹지 않았다.
그녀는 바빠서 밥 먹을 시간	**조차**	없다.
그는 요 몇 년 동안 소식		없다.
이번 여름휴가를 난 하루		쉰 적이 없다.

step 2 • 패턴응용

连~也/都~

	连 lián		也/都 yě / dōu	
他今天 Tā jīntiān		一顿饭 yí dùn fàn		没吃。 méi chī.
她忙得 Tā máng de		吃饭的时间 chī fàn de shíjiān		没有。 méi yǒu.
他这几年 Tā zhè jǐ nián		一个消息 yí ge xiāoxi		没有。 méi yǒu.
这个暑假我 Zhè ge shǔjià wǒ		一天 yì tiān		没休息过。 méi xiūxiguo.

■ 顿 dùn 끼, 식사에 쓰이는 단위. 消息 xiāoxi 소식.
■ 위의 문장에서는 也와 都 중에 하나를 써서 말해야 합니다. MP3 녹음파일에는 也를 쓴 것으로 발음했습니다.

053

반드시 ~하려고 한다

안나는 매일	차를 마시	
그는	중국어를 배우	
나는	**반드시** 기차를 타	**려고 한다.**
그녀는 오늘	새 옷을 입으	

step 1 • 패턴확인 ☐

非要~不可

安娜每天 Ānnà měitiān		喝茶 hē chá
他 Tā	非要 fēiyào	学汉语 xué Hànyǔ
我 Wǒ		坐火车 zuò huǒchē
她今天 Tā jīntiān		穿新衣服 chuān xīn yīfu

不可。
bùkě.

■ 非要~不可는 주관적인 강한 의지를 나타내는 쓰임 외에도 어떤 상황이 틀림없이 그럴 것이라는 추측의 의미로도 쓰입니다. 예) 他非感冒不可。(그는 틀림없이 감기에 걸릴 것이다.)

053

반드시 ~하려고 한다

입학시험을 나는		합격하
그 핸드폰을 그는	반드시	사
오늘 시합을 나는		참가하
대부분의 여자들은		살을 빼

려고 한다.

step 2 • 패턴응용

非要～不可

	非要 fēiyào		不可。 bùkě.
入学考试，我 Rùxué kǎoshì, wǒ		及格 jígé	
那部手机，他 Nà bù shǒujī, tā		买 mǎi	
今天的比赛，我 Jīntiān de bǐsài, wǒ		参加 cānjiā	
大部分女人都 Dàbùfen nǚrén dōu		减肥 jiǎnféi	

- 及格 jígé 합격하다.

조금도 ~하지 않다

나는		무섭지	**않다.**
그는	**조금도**	바쁘지	
나는		알지	**못한다.**
그녀는		말할 줄	**모른다.**

step 1 • 패턴확인 □

一点儿也 / 都不~

我 Wǒ		怕。 pà
他 Tā	一点儿也不/ yìdiǎnr yě bù(bú) /	忙。 máng
我 Wǒ	一点儿都不 yìdiǎnr dōu bù(bú)	知道。 zhīdào.
她 Tā		会说。 huì shuō.

- 一点儿 뒤에 也/都가 바로 오기도 하고, 一点儿과 也/都 사이에 강조 대상이 오기도 하고 합니다. 위의 문장에서는 也와 都 중에 하나를 써서 말해야 합니다. MP3 녹음 파일에는 也를 쓴 것으로 발음했습니다.

조금도 ~이(가) 없다

	조금도		없다.
나는 지금		힘이	
이 물건은 나한테		쓸모가	
이 일은 나와		관계가	
나는 그 영화에 대해		인상이	

step 2 ● 패턴응용

一点儿~也 / 都没有

我现在
Wǒ xiànzài

这东西对我
Zhè dōngxi duì wǒ

这件事跟我
Zhè jiàn shì gēn wǒ

我对那部电影
Wǒ duì nà bù diànyǐng

一点儿
yìdiǎnr

力气
lìqi

用处
yòngchu

关系
guānxi

印象
yìnxiàng

也没有。/
yě méi yǒu. /

都没有。
dōu méi yǒu.

■ 위의 문장에서는 也와 都 중에 하나를 써서 말해야 합니다. MP3 녹음파일에는 也를 쓴 것으로 발음했습니다.

더 이상 ~하지 않겠다

나는		그에게 알려주지	
나는		그를 보러 가지	
	더 이상		**않겠다.**
나는		그의 말을 듣지	
나는		그를 만나지	

step 1 • 패턴확인

再也不~了

我 Wǒ		告诉他 gàosu tā	
我 Wǒ	再也不 zài yě bù(ú)	去看他 qù kàn tā	了。 le.
我 Wǒ		听他的话 tīng tā de huà	
我 Wǒ		跟他见面 gēn tā jiànmiàn	

- 상황의 변화를 나타내는 어기조사 了는 흔히 부정부사 不와 어울려 쓰여 지금까지 해오던 일을 이제 더 이상 하지 않음을 나타낼 때 쓰입니다. 여기서는 강조의 표현인 再也와 같이 쓰여 이제 더 이상 그런 일은 없을 거라는 어감을 강조합니다.

더 이상 ~하지 않겠다

	더 이상	
나는		지각하지 않겠다.
나는		담배를 피우지 않겠다.
나는		너를 간섭하지 않겠다.
나는		초콜릿을 먹지 않겠다.

step 2 • 패턴응용

再也不~了

我 Wǒ		迟到了。 chídào le.
我 Wǒ	**再也不** zài yě bù	抽烟了。 chōuyān le.
我 Wǒ		管你了。 guǎn nǐ le.
我 Wǒ		吃巧克力了。 chī qiǎokèlì le.

■ 迟到 chídào 지각하다. 抽烟 chōuyān 담배를 피우다. 管 guǎn 관리하다, 단속하다.

더할 나위 없이 ~하다

그의 성적은		좋다.
이 옷은		예쁘다.
	더할 나위 없이	
네 방은		깨끗하다.
이 영화는		재미있다.

step 1 • 패턴확인

再~不过了

他的成绩 Tā de chéngjì		好 hǎo
这件衣服 Zhè jiàn yīfu	再 zài	漂亮 piàoliang	不过了。 búguò le.
你的屋子 Nǐ de wūzi		干净 gānjìng
这部电影 Zhè bù diànyǐng		有意思 yǒu yìsi

- 成绩 chéngjì 성적, 실적.

더할 나위 없이 ~하다

그의 중국어는		유창하다.
나의 연애경험은	**더할 나위 없이**	풍부하다.
이 생선은		신선하다.
이 문제는		복잡하다.

step 2 ● 패턴응용

再~不过了

他的汉语 Tā de Hànyǔ		流利 liúlì	
我的恋爱经验 Wǒ de liàn'ài jīngyàn	再 zài	丰富 fēngfù	不过了。 búguòle.
这条鱼 Zhè tiáo yú		新鲜 xīnxiān	
这个问题 Zhè ge wèntí		复杂 fùzá	

■ 复杂 fùzá 복잡하다.

057

~하지 않는 것이 아니다

나는 너를 믿지

그는 너를 좋아하지

그녀가 나에게 알려주지

나는 공부를 하고 싶지

않는 것은 아니다.

step 1 • 패턴확인

不是不~

我 Wǒ		相信你。 xiāngxìn nǐ.
他 Tā	**不是不** bú shì bù	喜欢你。 xǐhuan nǐ.
她 Tā		告诉我。 gàosu wǒ.
我 Wǒ		想学习。 xiǎng xuéxí.

057

~하지 않는 것이 아니라 ~다

그는 수영을		물을 무서워하는	
나는 농구를	**못하는 것이 아니라**	피곤한	**것이다.**
그녀는 요리를		귀찮은	
그는 중국어를		쑥스러운	

step 2 • 패턴응용

不是不~, 是~

他 Tā		能游泳, néng yóu yǒng,		怕水。 pà shuǐ.
我 Wǒ	**不是不** bú shì bù	能打蓝球, néng dǎ lánqiú,	**是** shì	很累。 hěn lèi.
她 Tā		会做菜, huì zuò cài,		闲麻烦。 xián máfan.
他 Tā		会说汉语, huì shuō Hànyǔ,		不好意思。 bù hǎo yìsi.

■ 闲麻烦 xián máfan 귀찮다. 不好意思 bù hǎo yìsi 쑥스럽다. 부끄럽다.

아무것도 ~하지 않다

그는		알지	못한다.
그녀는		할 수	없다.
	아무것도		
나는		먹고 싶지	않다.
나는		사고 싶지	

step 1 • 패턴확인

什么都不~

他 什么都不 知道。
Tā shénme dōu bù zhīdào.

她 能做。
Tā néng zuò.

我 想吃。
Wǒ xiǎng chī.

我 想买。
Wǒ xiǎng mǎi.

아무 ~도 ~지 않다

그녀는		말		하지	**않는다.**
나는		어려움		두렵지	**않다.**
	아무		**도**		
나는		소리도		들리지	**않는다.**
그는		일도		처리할 수	**없다.**

step 2 • 패턴응용

什么~都~不~

她 Tā	话 huà			说。shuō.
我 Wǒ	困难 kùnnan	什么 shénme	都 dōu	怕。pà.
我 Wǒ	声音 shēngyīn		听 tīng	不 bù(ú)	见。jiàn.
他 Tā	事 shì		办 bàn		好。hǎo.

■ 听见 tīngjiàn 듣다. 들리다.

059

어떻게 ~할 수 있어?

그가		오지 않을	
내가		그에 대해 알	
	어떻게		**수 있어?**
그녀가		사지 않을	
네가		그렇게 말할	

step 1 • 패턴확인

怎么能~呢?

他 Tā		不来 bù lái	
我 Wǒ	怎么能 zěnme néng	了解他 liǎojiě tā	呢? ne?
她 Tā		不买 bù mǎi	
你 Nǐ		这样说 zhèyàng shuō	

- 怎么能은 부정의 의미를, 怎么能不는 긍정의 의미를 나타냅니다.
  他怎么能不来呢?라고 하면 그는 반드시 올 것이라는 뜻이다.

059

어떻게 ~할 수 있어?

	어떻게		수 있어?
네가 없는데, 내가		집에 갈	
그렇게 먼 길을 그녀가		돌아올	
이렇게 많은 숙제를 내가		다 할	
날씨가 추운데, 내가		치마를 입을	

怎么能~呢?

没有你,我 Méi yǒu nǐ, wǒ		回家 huí jiā
那么远的路,她 Nàme yuǎn de lù, tā	怎么能 zěnme néng	回来 huílai
这么多作业,我 Zhème duō zuòyè, wǒ		写完 xiě wán
天气很冷,我 Tiānqì hěn lěng, wǒ		穿裙子 chuān qúnzi

呢?
ne?

■ 문장 끝의 **呢**는 생략하기도 합니다.

아직 ~하지 않았다

그는		돌아오	
그는		결혼하	
	아직		**지 않았다.**
나는		숙제를 하	
나는		저녁을 먹	

step 1 • 패턴확인

还没~呢

他 Tā		回来 huílai
他 Tā	还没 hái méi	结婚 jiéhūn
我 Wǒ		做作业 zuò zuòyè
我 Wǒ		吃晚饭 chī wǎnfàn

呢。
ne.

■ 확인의 어기를 나타내는 어기조사 呢는 생략하기도 합니다.

아직 ~하지 않았다

나는		북경의 간식을 먹어보	
나는	**아직**	중국 영화를 보	**지 않았다.**
그는		알맞은 직업을 구하	
그녀는		어머니 선물을 사	

step 2 • 패턴응용

还没~呢

我 Wǒ		吃过北京的小吃 chīguo Běijīng de xiǎochī	
我 Wǒ	还没 hái méi	看过中国的电影 kànguo Zhōngguó de diànyǐng	呢。 ne.
他 Tā		找到合适的工作 zhǎodào héshì de gōngzuò	
她 Tā		买到给妈妈的礼物 mǎidào gěi māma de lǐwù	

■ 合适 héshì 알맞다. 小吃 xiǎochī 간식, 스낵.

061	~할 뿐만 아니라 ~하다	不但~, 而且~
062	~한다면 말이야	如果~的话
063	~하기만 하면 ~하다	只要~就~
064	~하기만 하면 ~하다	一~就~
065	~해야만 ~한다	只有~才~
	~해야만 ~할 수 있다	只有~才能~
066	~하면 된다	~就行了
067	~했으면 좋겠어	要是~就好了
068	~면 충분해	~就够了
069	그렇지 않으면~	要不然~
070	비록 ~지만 ~한다	虽然~但是~
071	~든지/~간에	不管~都~
072	아무리 ~한다 해도	再~也~
073	~하면서 ~하다	一边~一边~
074	~하기도 하고 ~하기도 하다	又~又~
075	~하든지, ~하든지,	要么~, 要么~,
076	~하기 때문에 ~하다	因为~, 所以~

접속사와
결합하는 패턴
(조건, 가정, 양보, 원인)

7 접속사와 결합하는 패턴(조건, 가정, 양보, 원인)

[1] ~할 뿐만 아니라 ~하다 不但~, 而且~

앞서 제시한 것보다 어떤 정도 면에서 더한층 발전된 의미를 나타낼 때는 不但~而且~를 써서 표현합니다. 不但 대신 不仅을 쓸 수도 있습니다.

〔공식〕 不但+형용사 / 동사, 而且+형용사 / 동사

她不但会做中国菜，而且也会做日本菜。
그녀는 중국요리를 만들 줄 알 뿐만 아니라 일본요리도 할 줄 안다.

[2] ~한다면 말이야 如果~的话

的话는 如果나 要是를 쓰는 복문의 앞 절 뒤에 쓰여 가정조건을 나타냅니다.

〔공식〕 如果+주어+동사+的话, 절

如果明天下雨的话，你就不要来了。
내일 비가 오면 말이야. 넌 오지 마.

[3] ~하기만 하면 ~하다 只要~就~

어떤 조건만 충족되기만 하면 어떤 결과가 생김을 나타낼 때는 只要~就~로 표현합니다.

 Point

> [공식] 주어+只要+동사+(목적어), 就+동사+(목적어)
> 주어1+只要+동사+(목적어), 주어2+就+동사+(목적어)

您只要同意，我马上就去。
당신이 찬성하기만 하면 나는 바로 간다

[4] ~하기만 하면 ~하다 一~就~

어떤 상황이 되기만 하면 어떤 결과가 바로 일어남을 나타낼 때 一~就~를 써서 표현합니다.

> [공식] 주어+一+형용사 / 동사+就+형용사 / 동사
> 一+동사+(목적어)+就+형용사 / 동사

天气一变冷就容易感冒。
날씨가 추워지기만 하면 감기 걸리기 쉽다.

[5] ~해야만 ~한다/~해야만 ~할 수 있다
只有~才~/只有~才能~

오직 유일한 조건만이 어떤 결과가 나올 수 있음을 나타낼 때는 只有~才~로 표현합니다. 흔히 才 뒤에 조동사 能을 씁니다.

> [공식] 只有+(주어)+동사+才+동사
> 只有+동사+(목적어)+才能+동사+(목적어)

只有努力学习才能学好汉语。
열심히 공부해야만 중국어를 마스터할 수 있다.

Key Point

[6] ~하면 된다 ~就行了

상대방에게 한 가지 요구에 응해주기만 하면 만족함을 나타낼 때 就行了로 표현합니다.

(공식) 절+就行了

你给她就行了。
그녀에게 주면 돼.

[7] ~했으면 좋겠어 要是~就好了

자신의 염원이 이뤄지면 말할 나위가 없음을 나타낼 때 要是~就好了로 표현합니다.

(공식) 要是+절+就好了

要是我们能住上新房子就好了。
우리가 새집에 살았으면 좋겠어.

[8] ~면 충분해 ~就够了

어떤 행위를 하는데 걸리는 시간, 들어가는 비용이 충분함을 나타낼 때 就够了로 표현합니다. 就 앞에는 명사를 씁니다.

(공식) 절, 명사+就够了

坐出租车去机场，三十分钟就够了。
택시로 공항에 가는데 30분이면 충분해.

 Point

[9] 그렇지 않으면~ 要不然~

앞서 제시한 상황과 상반되면 다음과 같은 결과가 초래될 것임을 나타낼 때 要不然을 써서 표현합니다. 要不然은 주로 뒷 절 앞에 씁니다.

〔공식〕 절, 要不然+(就)+동사+(목적어)

多穿件衣服，要不然会感冒的。
옷을 더 입어, 그렇지 않으면 감기 걸려.

[10] 비록 ~지만 ~한다 虽然~, 但是~

앞서 한 가지 사실을 제시하지만 그 사실에 따라 결론을 내리지 않고 그와는 상반된 것을 말할 때 虽然~但是~로 표현합니다.

〔공식〕 주어+虽然+동사+(목적어), 但是+동사+(목적어)
　　　 虽然+동사+(목적어), 但是+주어+동사(목적어)

虽然他很想去，但是没有时间。
그는 정말 가고 싶지만 시간이 없다.

[11] ~든지/간에 항상 ~한다 不管~, 都~

어떠한 조건에서도 상황이나 결론이 전혀 바뀌지 않음을 나타낼 때 不管~都~를 써서 표현합니다. 不管 뒤에는 의문대명사, 동사의 긍정형과 부정형, A还是B가 쓰입니다.

〔공식〕 不管+절 / 구, 주어+都+동사+(목적어)

 Point

不管天气多么冷，他都洗冷水澡。
날씨가 아무리 춥건 간에 그는 항상 냉수욕을 한다.

[12] 아무리 ~한다 해도 ~하다 再~也~

어떤 상황이나 사물의 성질 등이 현재의 상황보다 깊어짐을 나타낼 때 再~也~를 써서 표현합니다.

> (공식) 주어+再+형용사+也+동사+(목적어)
> 주어1+再+형용사, 주어2+也+동사+(목적어)

天气再热，我也要去那儿。
날씨가 아무리 덥더라도 나는 거기에 갈 것이다.

[13] ~하면서 ~하다 一边~一边~

두 가지 동작행위가 동시에 진행함을 나타낼 때 一边~一边~을 써서 표현합니다.

> (공식) 주어+一边+동사+(목적어)+一边+동사+(목적어)

她一边看书一边喝茶。
그녀는 책을 보면서 차를 마신다.

[14] ~하기도 하고 ~하기도 하다 又~又~

두 가지 상황이 동시에 존재함을 나타낼 때 又~又~를 써서 표현합니다.

 Point

〔공식〕주어+又+형용사+又+형용사

这个东西又好又便宜。
이 물건은 좋기도 하고 싸기도 하다.

[15] ~하든지, ~하든지 要么~, 要么~

언급한 몇 가지 중에만 선택함을 강조해서 표현합니다. 要么 뒤에는 절이 옵니다.

〔공식〕要么+(주어)+동사+(목적어), 要么+(주어)+동사+(목적어)

要么喝汽水, 要么喝可乐, 随你的便。
사이다를 마시든지, 콜라를 마시든지, 네 맘대로 해.

[16] ~하기 때문에 ~하다 因为~, 所以~

원인에 대한 결과를 나타낼 때 因为~所以~를 써서 표현합니다.

〔공식〕因为 절 / 구, 所以+절 / 구

因为下雨, 所以出不去了。
비가 오기 때문에 나갈 수 없다.

061

~할 뿐만 아니라 ~하다

그는 잘생겼을		유능하다.
오늘은 더울		폭우도 내린다.
나는 자전거를 탈 줄 알	**뿐만 아니라**	차를 운전할 줄 도 안다.
그녀는 북경에 가봤을		상해도 가봤다.

step 1 • 패턴확인 □

不但~, 而且~

他 Tā		很帅, hěn shuài		很能干。 hěn nénggàn.
今天 Jīntiān	**不但** búdàn	很热, hěn rè,	**而且** érqiě	还下大雨。 hái xià dàyǔ.
我 Wǒ		会骑车, huì qí chē,		也会开车。 yě huì kāi chē.
她 Tā		去过北京, qùguo Běijīng,		还去过上海。 hái qùguo Shànghǎi.

- 不光~而且~로 쓸 수도 있습니다.
- 帅 shuài 멋지다, 잘생기다.

~할 뿐만 아니라 ~하다

	뿐만 아니라	
이 옷은 쌀		품질도 좋다.
그는 공부를 잘 할		운동도 좋아한다.
그는 중국어를 할 줄 알		유창하게 말한다.
흡연은 건강에 해로울		다른 사람에게 영향을 준다.

step 2 • 패턴응용

不但~, 而且~

	不但 búdàn		而且 érqiě	
这件衣服 Zhè jiàn yīfu		便宜, piányi,		质量很好。zhìliang hěn hǎo.
他 Tā		学习好, xuéxí hǎo,		很喜欢运动。hěn xǐhuan yùndòng.
他 Tā		会说汉语, huì shuō Hànyǔ,		说得很流利。shuō de hěn liúlì.
吸烟 Xīyān		有害健康, yǒuhài jiànkāng,		影响别人。yǐngxiǎng biérén.

- 质量 zhìliang 품질. 流利 liúlì 유창하다. 有害 yǒuhài 유해하다.
  影响 yǐngxiǎng 영향을 주다.

~한다면 말이야

	면 말이야,	
내가 너라		그렇게 안 할 거야.
내가 친구가 없다		정말 지루할 거야.
내일 날씨가 좋으		우리는 등산을 갈 거야.
시간이 있으		난 너랑 놀러 가고 싶어.

step 1 • 패턴확인

如果~的话

如果 Rúguǒ		
我是你 wǒ shì nǐ	的话, de huà,	就不会那样做。 jiù bú huì nàyàng zuò.
我没有朋友 wǒ méi yǒu péngyou		就会真没意思。 jiù huì zhēn méi yìsi.
明天天气好 míngtiān tiānqì hǎo		我们要去爬山。 wǒmen yào qù páshān.
你有空 nǐ yǒu kòng		我想和你去玩儿。 wǒ xiǎng hé nǐ qù wánr.

■ 有空 yǒu kòng 시간이 나다.

~한다면 말이야

	면 말이야,	
모두 의견이 없다		내가 이렇게 결정할 거야.
네가 여기서 담배 피우		다른 사람에게 방해될 거야.
사무실이 정전되		우린 일을 할 수 없어.
네가 개의치 않으		내가 너 대신 답할게.

如果~的话

如果 Rúguǒ

大家没有意见
dàjiā méi yǒu yìjiàn

你在这里抽烟
nǐ zài zhèlǐ chōuyān

办公室里停电
bàngōngshì lǐ tíngdiàn

你不介意
nǐ bú jièyì

的话, de huà,

我就要这么决定。
wǒ jiù yào zhème juédìng.

就会影响别人。
jiù huì yǐngxiǎng biérén.

我们就不能工作。
wǒmen jiù bù néng gōngzuò.

我替你回答。
wǒ tì nǐ huídá.

■ 停电 tíngdiàn 정전되다. 介意 jièyì 개의하다.

~하기만 하면 ~하다

우리는 열심히 공부하		향상될 거야.
나는 너랑 같이 있	**기만 하면**	행복할 거야.
너는 꾸준히 연습하		발전이 있을 거야.
네가 영어를 할 줄 알		무역회사에서 일할 수 있어.

step 1 • 패턴확인

只要~就~

我们 Wǒmen		努力学习, nǔlì xuéxí,	会进步的。 huì jìnbù de.
我 Wǒ	只要 zhǐyào	跟你在一起, gēn nǐ zài yìqǐ,	会幸福的。 huì xìngfú de.
你 Nǐ		坚持练习, jiānchí liànxí,	就 jiù 会有发展。 huì yǒu fāzhǎn.
你 Nǐ		会说英语, huì shuō Yīngyǔ,	能在贸易公司工作。 néng zài màoyì gōngsī gōngzuò.

■ 进步 jìnbù 향상하다. 发展 fāzhǎn 발전하다. 坚持 jiānchí 버티다. 꾸준히 하다.
贸易 màoyì 무역.

063

~하기만 하면 ~하다

	기만 하면	
네가 그에게 전화하		그는 올 것이다.
그는 담배를 피지 않		몸이 좋아질 것이다.
많이 듣고 많이 말하		중국어 수준이 올라갈 것이다.
몇 번 더 들		네 말을 반드시 알아들을 수 있다

只要~就~

只要 Zhǐyào		就 jiù	
	你给他打电话,他 nǐ gěi tā dǎ diànhuà, tā		来。 lái.
	他不抽烟,身体 tā bù chōuyān, shēntǐ		会好的。 huì hǎo de.
	多听多说,汉语水平 duō tīng duō shuō, Hànyǔ shuǐpíng		会提高的。 huì tígāo de.
	多听几遍,你的话 duō tīng jǐ biàn, nǐ de huà		一定能听懂。 yídìng néng tīng dǒng.

- 提高 tígāo 향상하다.

~하기만 하면 ~하다

그녀는 피곤하　　　　　　　　　머리가 아프다.

그는 무섭　　　　　　　　　　　운다.

　　　　　　　　기만 하면

그는 커피를 마시　　　　　　　　잠을 못 잔다.

그녀는 집에 오　　　　　　　　　옷을 갈아입는다.

step 1 • 패턴확인

一~就~

她 Tā	累 lèi		头疼。 tóuténg.
他 Tā	害怕 hàipà	一 yí(ì)	哭。 kū.
他 Tā	喝咖啡 hē kāfēi	就 jiù	睡不着觉。 shuì bu zháo jiào.
她 Tā	回家 huí jiā		换衣服。 huàn yīfu.

- '一~就~'는 긴축복문의 형식으로 가정,조건 관계를 나타냅니다. '要是/只要~就~'의 의미와 같습니다. '一'는 뒤에 1, 2, 3성이 오면 4성으로, 4성이 오면 2성으로 읽습니다.
- 害怕 hàipà 두려워하다.

~하기만 하면 ~하다

저녁이 되 | | 이 길은 막힌다.

겨울이 오 | | 나는 감기에 걸린다.

| **기만 하면**

음악 이야 | | 그는 기뻐한다.

날이 개이 | | 나는 나가 놀고 싶다.

一~就~

一 Yí(ì)		就 jiù	
	到晚上这条路 dào wǎnshang zhè tiáo lù		堵车。 dǔchē.
	到冬天我 dào dōngtiān wǒ		感冒了。 gǎnmào le.
	说到音乐他 shuō dào yīnyuè tā		很高兴。 hěn gāoxìng.
	有晴天我 yǒu qíngtiān wǒ		想出去玩儿。 xiǎng chūqu wánr.

■ 晴天 qíngtiān 맑게 갠 하늘. 堵车 dǔchē 교통 체증.

~해야만 ~한다

주말이 되어		(집에) 돌아간다.
이렇게 해		된다.
네가 와	야만	시작한다.
너와 함께 있어		행복하다.

step 1 • 패턴확인

只有~才~

只有 Zhǐyǒu	周末 zhōumò	才 cái	回去。 huíqu.
	这样 zhèyàng		行。 xíng.
	你来 nǐ lái		开始。 kāishǐ.
	跟你在一起 gēn nǐ zài yìqǐ		幸福。 xìngfú.

~해야만 ~할 수 있다

일요일이어		등산할	
날씨가 좋아		별을 볼	
열심히 공부해	**야만**	좋은 성적을 받을	**수 있다.**
수술을 해		그의 병을 치료할	

step 2 • 패턴응용

只有~才能~

只有 Zhǐyǒu	星期天 xīngqītiān	**才能** cái néng,	去爬山。 qù pá shān.
	天气好 tiānqì hǎo		看见星星。 kànjiàn xīngxing.
	努力学习 nǔlì xuéxí		取得好成绩。 qǔdé hǎo chéngjì.
	做手术 zuò shǒushù		治好他的病。 zhì hǎo tā de bìng.

- 看见 kànjiàn 보이다. 星星 xīngxing 별. 取得 qǔdé 받다. 治 zhì 치료하다.

066

~하면 된다

백 위안만 있으

문제를 해결하

제때에 보고하   면 된다.

여기에 오

step 1 • 패턴확인

~就行了

有100元
Yǒu yì bǎi yuán

解决问题
Jiějué wèntí

及时报告
Jíshí bàogào

来这里
Lái zhèlǐ

就行了。
jiù xíng le.

066

~하면 된다.

너는 전화번호를 남겨주

우리는 저녁밥을 준비하

너는 담배 안 피고 술 안 마시

너는 나한테 컴퓨터 한 대 사주

면 된다.

~就行了

你留个电话号码
Nǐ liú ge diànhuà hàomǎ

我们准备晚饭
Wǒmen zhǔnbèi wǎnfàn

你不抽烟不喝酒
Nǐ bù chōuyān bù hē jiǔ

你给我买一台电脑
Nǐ gěi wǒ mǎi yì tái diànnǎo

就行了。
jiù xíng le.

■ 号吗 hàomǎ 번호. 电脑 diànnǎo 컴퓨터.

067

~했으면 좋겠어

우리는 집에서 쉬

네가 한국에 와서 일하

내가 중국어로 작문할 수 있으

그가 시험에 통과했으

면 좋겠어.

step 1 • 패턴확인

要是~就好了

| 要是 Yàoshì | 我们在家里休息 wǒmen zài jiā lǐ xiūxi

你来韩国工作 nǐ lái Hánguó gōngzuò

我能用汉语写作 wǒ néng yòng Hànyǔ xiězuò

他能通过考试 tā néng tōngguò kǎoshì | 就好了。 jiù hǎo le. |

■ 写作 xiězuò 글을 짓다, 작문하다.

~했으면 좋겠어

맘에 드는 애인을 찾았으

너도 내 의견에 찬성했으

이 신발이 좀 더 컸으

우리 모두 평안하게 지내

면 좋겠어.

step 2 • 패턴응용

要是～就好了

要是
Yàoshì

我能找到理想的对象
wǒ néng zhǎodào lǐxiǎng de duìxiàng

你也同意我的意见
nǐ yě tóngyì wǒ de yìjiàn

这双鞋子再大一点儿
zhè shuāng xiézi zài dà yìdiǎnr

我们都太太平平过日子
wǒmen dōu tàitàipíngpíng guò rìzi

就好了。
jiù hǎo le.

- 理想 lǐxiǎng 이상적이다. 对象 duìxiàng 애인. 双 shuāng 켤레(양사).
  太太平平 tàitàipíngpíng 평안하다. 태평하다.

068

~면 충분해

상하이로 여행 가는데 사흘

기차로 가는데 두 시간

자전거로 학교에 가는데 15분

이만한 숙제를 하는데 30분

이면 충분해.

step 1 • 패턴확인

~就够了

去上海旅游, 三天
Qù Shànghǎi lǚyóu, sān tiān

坐火车去, 两个小时
Zuò huǒchē qù, liǎng ge xiǎoshí

骑自行车去学校, 十五分钟
Qí zìxíngchē qù xuéxiào, shíwǔ fēnzhōng

做这点儿作业, 半个小时
Zuò zhè diǎnr zuòyè, bàn ge xiǎoshí

就够了。
jiù gòu le.

■ 시간어휘 뒤에 **就**를 쓰면 그 시간이 어느 기준 시간에 비해 빠름을 나타냅니다.

~면 충분해

편지 한 통을 부치는데 1위안

세탁기 한 대를 사는데 500위안

그 식당에서 둘이 밥 먹는데 10위안

한 달 전화비로 20위안

이면 충분해.

step 2 • 패턴응용

~就够了

寄一封信, 一块钱
Jì yì fēng xìn, yí kuài qián

买一台洗衣机, 五百块钱
Mǎi yí tái xǐyījī, wǔ bǎi kuài qián

在那家饭馆两个人吃饭, 十元
Zài nà jiā fànguǎn liǎng ge rén chī fàn, shí yuán

一个月的电话费, 二十元
Yí ge yuè de diànhuàfèi, èrshí yuán

就够了。
jiù gòu le.

- 洗衣机 xǐyījī 세탁기.

069

그렇지 않으면~

	그렇지 않으면	
나 차 타고 갈게.		지각해.
우리 가봐야 해.		차 놓쳐.
우리 좀 일찍 가야해.		표를 못 살 거야.
자주 부모님께 전화해.		부모님이 걱정해.

step 1 • 패턴확인 □

要不然~

我要坐车去,
Wǒ yào zuò chē qù,

我们得走了,
Wǒmen děi zǒu le,

我们要早点去,
Wǒmen yào zǎo diǎn qù,

经常给父母打电话,
Jīngcháng gěi fùmǔ dǎ diànhuà,

要不然
yàoburán

就迟到了。
jiù chídào le.

就赶不上车了。
jiù gǎn bu shàng chē le.

就买不到票了。
jiù mǎibudào piào le.

他们会担心的。
tāmen huì dānxīn de.

- 要不然은 不然이나 要不라고도 씁니다.
- 赶不上 gǎn bu shàng 제 시간에 댈 수 없다. 经常 jīngcháng 자주.

069

그렇지 않으면~

	그렇지 않으면	
옷을 두껍게 입어.		감기 걸릴 거야.
숙제를 잘 해라.		선생님이 화내실 거야.
반드시 열심히 공부해야 해.		대학시험에 떨어져.
매일 적게 먹고 운동 많이 해.		살찔 거야.

要不然~

衣服穿厚点儿,
Yīfu chuān hòu diǎnr,

好好儿做作业,
Hǎohǎor zuò zuòyè,

一定要努力学习,
Yídìng yào nǔlì xuéxí,

每天少吃多运动,
Měitiān shǎo chī duō yùndòng,

要不然
yàoburán

就感冒了。
jiù gǎnmào le.

老师会生气的。
lǎoshī huì shēngqì de.

考不上大学。
kǎobushàng dàxué.

就会发胖的。
jiù huì fāpàng de.

- 考不上 kǎobushàng 시험에 떨어지다. 发胖 fāpàng 살찌다. 厚 hòu 두껍다, 두텁다.

비록 ~지만 ~한다

	비록		지만	
이것은		좀 비싸		난 살 거다.
향채는		보기에는 좋		맛은 없다.
그녀는		어려움이 많		포기하지 않을 것이다.
나는		공부로 바쁘		매일 운동한다.

step 1 • 패턴확인

虽然~, 但是~

这个 Zhè ge	有点儿贵, yǒudiǎnr guì,	我要买。 wǒ yào mǎi.
香菜 Xiāngcài	好看, hǎokàn,	不好吃。 bù hǎochī.
她 Tā **虽然** suīrán	有很多困难, yǒu hěn duō kùnnan, **但是** dànshì	不会放弃。 bú buì fàngqì.
我 Wǒ	学习很忙, xuéxí hěn máng,	每天运动。 měitiān yùndòng.

■ 有点儿 yǒudiǎnr 좀. 약간.(뒤에는 주로 부정적인 의미의 형용사가 옵니다.)

339

비록 ~지만 ~한다

비록		지만	
	일은 피곤하		그는 늘 유쾌하다.
	나이는 어리		그는 책을 많이 읽었다.
	비가 많이 내리		그는 자전거를 타고 가려고 한
	중국에 가본 적은 없		나는 중국에 관심이 많다.

step 2 • 패턴응용

虽然~, 但是~

虽然 Suīrán

工作很累,
gōngzuò hěn lèi,

年纪不大,
niánjì bú dà,

下大雨,
xià dà yǔ,

没去过中国,
méi qùguo Zhōngguó,

但是 dànshì

他总是很愉快。
tā zǒngshì hěn yúkuài.

他读了不少书。
tā dúle bù shǎo shū.

他还要骑自行车去。
tā hái yào qí zìxíngchē qù.

我对中国很感兴趣。
wǒ duì Zhōngguó hěn gǎn xìngqù.

■ 年纪 niánjì 나이. 对~很感兴趣 duì~hěn gǎnxìngqù ~에 대해서 흥미를 느끼다.

071

~든지

	든지	
네가 어떻게 묻		그녀는 대답하지 않는다.
네가 뭐라고 하		나는 돌아갈 것이다.
누가 나를 초대하		나는 참가할 것이다.
무슨 일을 하		그는 열심히 한다.

step 1 • 패턴확인 □

不管~, 都~

不管 Bùguǎn		都 dōu	
	你怎么问, 她 nǐ zěnme wèn, tā		不回答。 bù huídá.
	你说什么, 我 nǐ shuō shénme, wǒ		要回去。 yào huíqu.
	谁邀请我, 我 shéi yāoqǐng wǒ, wǒ		要参加。 yào cānjiā.
	做什么事, 他 zuò shénme shì, tā		好好干。 hǎohǎo gàn.

- 不管 뒤에는 주로 의문대명사, 서술어의 긍정형과 부정형, A还是B의 형식을 갖습니다.

071

~간에

	간에	
어려움이 얼마나 많건		나는 이겨낼 수 있다.
날씨가 춥건 덥건		그녀는 치마를 입는다.
비가 오든 안 오든		그들은 여행을 갈 것이다.
남자든 여자든		모두 참가할 수 있다.

step 2 • 패턴응용

不管~, 都~

不管 Bùguǎn	有多大困难, 我 yǒu duō dà kùnnan, wǒ	都 dōu	能克服。 néng kèfú.
	天气冷还是热, 她 tiānqì lěng háishi rè, tā		穿裙子。 chuān qúnzi.
	下不下雨, 他们 xià bu xià yǔ, tāmen		要去旅游。 yào qù lǚyóu.
	是男的还是女的, shì nán de háishi nǚ de,		可以参加。 kěyǐ cānjiā.

- 都는 여기서 예외 없음을 나타냅니다. 흔히 '무조건/항상/언제나/예외 없이'로 해석합니다.

072

아무리 ~한다 해도

	아무리		도	
어려움이		크더라		극복해야 한다.
문제가		많아		해결해야 한다.
생활이		어려워		살아가야 한다.
차 타는 게		빨라		세 시간은 걸린다.

step 1 • 패턴확인

再～也

困难 Kùnnan		大 dà		要克服。yào kèfú.
问题 Wèntí	**再** zài	多 duō	**也** yě	要解决。yào jiějué.
生活 Shēnghuó		难 nán		要活下去。yào huó xiàqu.
坐车 Zuò chē		快 kuài		需要三个小时。xūyào sān ge xiǎoshí.

■ 需要 xūyào (시간이)걸리다.

아무리 ~한다 해도

	아무리		다 해도	
비가		많이 온		우리는 가야 한다.
그가		잘생겼		나는 그를 싫어한다.
날이		춥		나는 등산을 갈 것이다.
그는		바쁘		매일 테니스를 치러 간다.

step 2 • 패턴응용

再~也

	再 zài		也 yě	
雨 Yǔ		大，我们 dà, wǒmen		得去。děi qù.
他 Tā		帅，我 shuài, wǒ		讨厌他。tǎoyàn tā.
天 Tiān		冷，我 lěng, wǒ		要去爬山。yào qù páshān.
他 Tā		忙，每天 máng, měitiān		去打网球。qù dǎ wǎngqiú.

- '再~也'는 긴축복문의 형식으로 양보관계를 나타내는 '即使/就是~也(비록~할지라도)'의 의미와 같습니다.
- 讨厌 tǎoyàn 싫어한다

073

~하면서 ~하다

그녀는 춤을 추		노래를 부른다.
그들은 술을 마시		이야기를 한다.
나는 영화를 보	**면서**	팝콘을 먹는다.
그는 TV를 보		저녁밥을 먹는다.

step 1 • 패턴확인

一边~一边~

她 Tā		跳舞 tiào wǔ		唱歌。chàng gē.
他们 Tāmen	一边 yìbiān	喝酒 hē jiǔ	一边 yìbiān	聊天。liáo tiān.
我 Wǒ		看电影 kàn diànyǐng		吃玉米花。chī yùmǐhuā.
他 Tā		看电视 kàn diànshì		吃晚饭。chī wǎnfàn.

- '一边~一边~'은 두 가지 상황이 같은 시간 내에 지속되고 있음을 나타냅니다.
- 玉米花 yùmǐhuā 팝콘.

073

~하면서 ~하다

그는 산책을 하		음악을 듣는다.
그녀는 차를 마시	면서	신문을 본다.
나는 일을 하		학교에 다닌다.
나는 전화를 받으		방청소 한다.

step 2 • 패턴응용

一边~一边~

他 Tā	一边 yìbiān	散步 sànbù	一边 yìbiān	听音乐。tīng yīnyuè.
她 Tā		喝茶 hē chá		看报。kàn bào.
我 Wǒ		工作 gōngzuò		上学。shàngxué.
我 Wǒ		接电话 jiē diànhuà		打扫房间。dǎsǎo fángjiān.

- 上学 shàngxué 등교하다, 학교 다니다. 打扫 dǎsǎo 청소하다.

~하기도 하고 ~하기도 하다

나는 피곤하		졸립
이 수박은 크		달
	기도 하고	기도 하다.
내 여동생은 총명하		예쁘
네가 만든 요리는 맛있		보기 좋

step 1 • 패턴확인

又~又~

我 Wǒ		累 lèi		困。 kùn.
这个西瓜 Zhè ge xīguā	又 yòu	大 dà	又 yòu	甜。 tián.
我妹妹 Wǒ mèimei		聪明 cōngmíng		漂亮。 piàoliang.
你做的菜 Nǐ zuò de cài		好吃 hǎochī		好看。 hǎokàn.

- '又~又~'의 구문은 주로 형용사와 결합니다.

~하기도 하고 ~하기도 하다

우리 엄마는 추위를 타		더위를 타	
이 의자는 싸	**기도 하고**	튼튼하	**기도 하다.**
그녀의 방은 깨끗하		가지런하	
그의 사무실은 더럽		어지럽	

step 2 • 패턴응용

又~又~

我妈妈 Wǒ māma	又 yòu	怕冷 pà lěng	又 yòu	怕热。 pà rè.
这把椅子 Zhè bǎ yǐzi		便宜 piányi		结实。 jiēshi.
她的房间 Tā de fángjiān		干净 gānjìng		整齐。 zhěngqí.
他的办公室 Tā de bàngōngshì		脏 zāng		乱。 luàn.

■ 怕冷 pà lěng 추위를 타다. 怕热 pà rè 더위를 타다. 结实 jiēshi 단단하다. 整齐 zhěngqí 가지런하다.

~하든지, ~하든지,

오늘 가		내일 가	
그가 오	든지,	내가 가	든지,
등산을 가		수영을 가	
밥을 먹		우유를 마시	

step 1 • 패턴확인

要么~, 要么~,

要么 Yàome	今天去, jīntiān qù,	要么 yàome	明天去, míngtiān qù,
	他来, tā lái,		我去, wǒ qù,
	去爬山, qù páshān,		去游泳, qù yóuyǒng,
	吃饭, chī fàn,		喝牛奶, hē niúnǎi,

■ '要么~,要么~' 뒤에는 절이 옵니다. 윗 문장의 끝에는 ' , '을 쓰고 뒷절을 생략하였습니다. 흔히 뒷절은 **你决定吧**나 **随你的便**과 같은 형식의 표현이 쓰입니다.

075

~하든지, ~하든지

대학을 다니	**든지,**	일을 찾	**든지,**
열심히 일하		회사를 떠나	
방청소를 하		빨래를 하	
택시를 타고 가		자전거를 타고 가	

step 2 • 패턴응용

要么~, 要么~,

要么 Yàome	上大学, shàng dàxué, 努力工作, nǔlì gōngzuò, 打扫房间, dásǎo fángjiān, 坐出租车去, zuò chūzūchē qù,	**要么** yàome	找工作, zhǎo gōngzuò, 离开公司, líkāi gōngsī, 洗衣服, xǐ yīfu, 骑自行车去, qí zìxíngchē qù,

~하기 때문에 ~하다

방안에 냉기가 있기		덥지 않다.
길이 막히기		늦게 왔다.
갑자기 추워졌기	**때문에**	감기에 걸렸다.
날씨가 좋지 않기		등산을 가지 않았다.

step 1 • 패턴확인

因为~, 所以~

因为 Yīnwèi		所以 suǒyǐ	
屋子里有冷气,	wūzi lǐ yǒu lěngqì,	不热。	bú rè.
路上堵车,	lù shàng dǔchē,	来晚了。	lái wǎn le.
突然变冷了,	tūrán biàn lěng le,	感冒了。	gǎnmào le.
天气不好,	tiānqì bù hǎo,	没去爬山。	méi qù páshān.

■ '因为~所以~'의 구문에서 앞 절과 뒷 절의 주어가 다를 때는 주어는 因为나 所以 뒤에 오게 됩니다.

~하기 때문에 ~하다

내가 가지 않기		모두들 안 가기로 했다.
날씨가 나쁘기	**때문에**	비행기 이륙이 지연되고 있다.
열심히 공부하기		시험 성적도 좋다.
그는 거짓말을 하기		다른 사람들이 다 좋아하지 않는다.

因为~, 所以~

因为 Yīnwèi	我不去, wǒ bú qù,	**所以** suǒyǐ	大家都不去了。 dàjiā dōu bú qù le.
	天气坏, tiānqì huài,		飞机延迟起飞。 fēijī yánchí qǐfēi.
	努力学习, nǔlì xuéxí,		考试成绩也好。 kǎoshì chéngjì yě hǎo.
	他说假话, tā shuō jiǎhuà		别人都不喜欢。 biérén dōu bù xǐhuan.

- 延迟 yánchí 뒤로 미루다, 지연시키다. 假话 jiǎhuà 거짓말.

077	하마터면 ~할 뻔했다	差点儿没~
078	여태껏 ~한 적이 없다	从来没~过
079	~해서야	~才

부사와
결합하는
패턴

 Point

8 부사와 결합하는 패턴

[1] 하마터면 ~할 뻔했다 差点儿没~

어떤 상황이 실현되려다가 결국 실현되지 않거나 또는 실현될 수 없는 상황에서 마침내 실현됨을 나타낼 때 差点儿没~를 써서 표현합니다.

〔공식〕주어+差点儿没+동사+(목적어)

差点儿没死了。
하마터면 죽을 뻔했다.

[2] 여태껏 ~한 적이 없다 从来没~过

从来는 과거부터 현재까지 조금도 변함 없음을 나타내며 절대부정형은 뒤에 주로 没~过를 써서 표현합니다.

〔공식〕주어+从来没+동사+过+(목적어)

他从来没见过女朋友。
그는 여태껏 여자친구를 만난 적이 없다.

[3] ~해서야 才

동작 행위가 느리거나 순조롭지 않게 진행됨을 나타낼 때 시간부사 才를 써서 표현합니다.

 Point

[공식] 주어+시간사 / 수사+才+동사+(목적어)

我十二点才起床。
나는 열두시가 되서야 일어났다.

077

하마터면 ~할 뻔했다

나는		그를 못 만날
그는		지각할
	하마터면	
그녀는		비행기표를 못 살
이번 시험은		통과 못 할

뻔했다.

step 1 • 패턴확인

差点儿没~

我
Wǒ

他
Tā

她
Tā

这次考试
Zhè cì kǎoshì

差点儿没
chàdiǎnr méi

见到他。
jiàndào tā.

迟到。
chídào.

买到飞机票。
mǎi dào fēijīpiào.

通过。
tōngguò.

- 바라지 않는 일이 다행스럽게도 일어나지 않았을 때는 동사의 긍정형이나 부정형 모두 쓰입니다.
  差点儿没迟到=差点儿迟到

077

하마터면 ~할 뻔했다

나는		넘어질	
그는		그 차를 못 탈	
	하마터면		**뻔했다.**
나는		대학에 떨어질	
그는		막차 버스를 못 탈	

step 2 • 패턴응용

差点儿没~

我 Wǒ		摔倒。 shuāidǎo.
他 Tā	差点儿没 chàdiǎnr méi	赶上那趟车。 gǎnshàng nà tàng chē.
我 Wǒ		考上大学。 kǎoshàng dàxué.
他 Tā		坐上最后一班公共汽车。 zuòshàng zuìhòu yì bān gōnggòngqìchē.

- 바라는 일이 간신히 이뤄졌을 때는 동사가 흔히 부정형으로 쓰입니다.
  差点儿没坐上(하마터면 못 탈 뻔했다) ≠ 差点儿坐上(애석하게도 못 탔다)
- 摔倒 shuāidǎo 넘어지다.

078

여태껏 ~한 적이 없다

그는	내게 알려준	
나는	그를 만난	
여태껏		**적이 없다.**
그녀는	결혼에 대해서 생각해본	
나는	이런 것은 먹어본	

step 1 • 패턴확인 □

从来没~过

他 Tā		告诉 gàosu	我。wǒ.
我 Wǒ	从来没 cónglái méi	见 jiàn	他。tā.
她 Tā		想 xiǎng	过 guo 结婚的事。jiéhūn de shì.
我 Wǒ		吃 chī	这种东西。zhè zhǒng dōngxi.

■ 관형어의 수식을 받는 목적어는 일반적으로 문장 앞에 쓰입니다.
结婚的事她从来没想过。

078

여태껏 ~한 적이 없다

		여태껏		적이 없다.
그는			남을 속인	
그는			교통사고를 낸	
나는			그런 무리한 요구를 들어준	
나는			그의 목소리를 들어본	

step 2 • 패턴응용

从来没~过

他 Tā		骗 piàn	人。 rén.
他 Tā	从来没 cónglái méi	出 chū	交通事故。 jiāotōng shìgù.
我 Wǒ		同意 tóngyì	过 guo	这种无理要求。 zhè zhǒng wúlǐ yāoqiú.
我 Wǒ		听 tīng		他的声音。 tā de shēngyīn.

■ 骗 piàn 속이다. 无理 wúlǐ 비합리적이다. 이치에 맞지 않다.

079

~해서야

그는 오늘 열시가 되어		출근했다.
나는 세 시간을 걸어	**서야**	도착했다.
그들은 한 시간이 지나		출발했다.
가게는 저녁 열시가 돼		문을 닫았다.

step 1 • **패턴확인**

~才

他今天十点 Tā jīntiān shí diǎn		上班。 shàngbān.
我走了三个小时 Wǒ zǒule sān ge xiǎoshí	才 cái	到。 dào.
他们过一个小时 Tāmen guò yí ge xiǎoshí		出发。 chūfā.
商场晚上十点 Shāngchǎng wǎnshang shí diǎn		关门。 guān mén.

- 才는 동작행위의 발생을 나타내는 동태조사 了를 쓰지 않고도 완료형으로 해석됩니다.

~해서야

우리가 그를 한참동안 기다리고 나		그가 왔다.
그가 두 번이나 말해	**서야**	나는 알아들었다.
나는 하루 종일 찾아		열쇠를 찾았다.
회의는 한 시간이 더	**있어야**	시작한다.

step 2 • 패턴응용

~才

我们等了好半天他 Wǒmen děngle hǎo bàntiān tā	**才** cái	来。 lái.
他说了两遍我 Tā shuōle liǎng biàn wǒ		听懂。 tīng dǒng.
我找了一整天 Wǒ zhǎole yì zhěngtiān		找到钥匙。 zhǎo dào yàoshi.
会议还有一个小时 Huìyì hái yǒu yí ge xiǎoshí		开始。 kāishǐ.

- 才는 주로 시간사와 결합합니다.
- 好半天 hǎo bàntiān 한참동안. 半夜 bànyè 한밤중. 一整天 yìzhěngtiān 하루종일.

080	~까지 아직~ 남았다	离~还有~
081	~를 제외하고 모두/다~	除了~以外~都~
	~외에도, 또~	除了~以外~还/也~
082	~을 위해서 ~하다	为~而~
083	~에게 ~하다	对~很~
	~에게는/~로서는	对 ~来说,
084	~에서 ~까지	从~到~
	~에서 ~까지 ~(시간)걸린다	从~到~要~

09

전치사와 결합하는 패턴

# Point

9 전치사와 결합하는 패턴

[1] ~까지 아직 ~남았다 离~还有~

현재 시점에서 어떤 상황이 발생할 때까지 어느 시간과 거리가 남았음을 나타낼 때 离~还有~를 써서 표현합니다.

> 〔공식〕 주어+离+명사+还有+명사(거리)
> 离+동사 / 명사+还有+명사(시간)

离飞机起飞还有二十分钟。
비행기가 이륙할 때까지 아직 20분 남았다.

[2] ~를 제외하고 모두/다 除了~以外~都~/ ~외에도, 또~ 除了~以外~还/也~

제시한 것을 어느 범위 내에 계산해 넣지 않음을 나타내거나 또는 제시한 것 외에도 추가로 또 있음을 나타낼 때는 除了~以外~都/还~를 써서 표현합니다.

> 〔공식〕 除了+명사+以外, 주어+都+동사+(목적어)
> 除了+명사+以外, 주어+还 / 也+동사+(목적어)

他的名字除了王兰以外，我们都知道。
그의 이름은 왕란만 제외하고 우리는 모두 안다.

[3] ~을 위해서 ~하다 为~而~

동작 행위의 목적을 나타낼 때 为~而~을 써서 표현합니다.

 Point

〔공식〕 为+명사 / 동사구+而+동사+(목적어)

为提高水平而努力学习。
수준을 향상하기 위해서 열심히 공부하다.

[4] ~에게 ~하다 对~很~ / ~에게는 / ~로서는 对 ~来说

어떤 행위나 대상에 대해서 주관적인 평가를 내릴 때 '对~很~'을 써서 표현합니다.

〔공식〕 주어+对+명사(대상)+很+형용사
　　　 对+명사(대상)+来说, 절

对我来说, 汉语很难。
나에게는 중국어가 어렵다.

[5] ~에서 ~까지 从~到~ / ~에서 ~까지 ~(시간)걸린다 从~到~要

어떤 지점에서 다른 지점까지 소요되는 시간거리 등을 나타낼 때 '从~到~'을 써서 표현합니다.

〔공식〕 从+명사+到+명사+동사
　　　 从+명사+到+명사+要+명사

从这儿到学校很近。
여기서 학교까지 가깝다.

从这儿到天安门要一个小时.
여기에서 천안문까지 한시간 걸린다.

~까지 아직 ~남았다

여기서 기차역		아직 300미터	
여기서 그의 집	까지	아직 한 정거장	남았다.
거기서 대사관		아직 100미터	
거기서 공항		아직 두 정거장	

step 1 • 패턴확인

离~还有~

这儿 Zhèr		火车站 huǒchēzhàn	三百米。 sān bǎi mǐ.
这儿 Zhèr	**离** lí	他家 tā jiā	**还有** hái yǒu	一站。 yí zhàn.
那儿 Nàr		大使馆 dàshǐguǎn	一百米。 yì bǎi mǐ.
那儿 Nàr		机场 jīchǎng	两站。 liǎng zhàn.

~(할 때)까지 아직 ~남았다

차가 출발할 때		아직 10분
대학 졸업	**까지**	아직 6개월
그녀의 생일		아직 이틀
퇴근시간		아직 30분

남았다.

step 2 • 패턴응용

离~还有~

离 Lí		还有 hái yǒu	
	开车 kāi chē		十分钟。 shí fēnzhōng.
	大学毕业 dàxué bì yè		六个月。 liù ge yuè.
	她的生日 tā de shēngrì		两天。 liǎng tiān.
	下班时间 xià bān shíjiān		半个小时。 bàn ge xiǎoshí.

- 거리를 나타내는 전치사 离 뒤에는 구체적인 장소명사 외에도 추상 의미의 명사(毕业, 生日)와도 같이 쓰입니다.

081

~를 제외하고 모두/다~

나를	우리 가족은	운동선수이다.
그를	반 학생들	가 놀러 나갔다.
그녀를 **제외하고,**	우리 **모두**	이 일을 알지 못한다.
나를	그들은	학교에 가서 공부한다.

step 1 • 패턴확인

除了~以外, ~都~

| 除了 Chúle | 我 wǒ
他 tā
她 tā
我 wǒ | 以外, yǐwài, | 我的家人 wǒ de jiārén
全班同学 quánbān tóngxué
我们 wǒmen
他们 tāmen | 都 dōu | 是运动员。 shì yùndòngyuán.
出去玩儿了。 chūqu wánr le.
不知道这件事。 bù zhīdào zhè jiàn shì.
去学校学习。 qù xuéxiào xuéxí. |

- 除了 뒤에 都를 쓸 때는 배제관계를 나타냅니다.

081

~외에도, 또~

	외에도	
수영		그는 매일 또 태극권을 한다.
월급		매달 또 보너스가 일부 있다.
돼지고기		만두를 또 갖고 왔다.
콜라		그는 커피 마시기를 또 좋아한다.

step 2 • 패턴응용

除了~以外, ~还/也~

除了 Chúle	游泳 yóu yǒng	以外, yǐwài,	他每天 tā měitiān	还/也 hái yě	打太极拳。 dǎ tàijíquán.
	工资 gōngzī		每月 měi yuè		有一些奖金。 yǒu yìxiē jiǎngjīn.
	猪肉 zhūròu		我们 wǒmen		带来了饺子。 dàilai le jiǎozi.
	可乐 kělè		他 tā		喜欢喝咖啡。 xǐhuan hē kāfēi.

- **除了** 뒤에 **还**나 **也**를 쓸 때는 추가의 의미를 갖습니다. 위의 문장에서는 **还**와 **也** 중에 하나를 써서 말합니다. MP3 녹음파일에는 **还**를 쓴 것으로 발음했습니다.
- **工资** gōngzī 월급. **奖金** jiǎngjīn 보너스. 상여금. **太极拳** tàijíquán 태극권.

082

~을 위해서 ~하다

세계평화를		노력하다.
중국어를 배우기		중국에 왔다.
중국을 이해하기	**위해서**	중국어를 공부하다.
좋은 성과를 거두기		열심히 일하다.

step 1 • 패턴확인

为~而~

为 Wèi	而 ér
世界和平 shìjiè hépíng	努力。nǔlì.
学习汉语 xuéxí Hànyǔ	来到中国。láidào Zhōngguó.
了解中国 liǎojiě Zhōngguó	学习中文。xuéxí Zhōngwén.
取得好成绩 qǔdé hǎo chéngjì	努力工作。nǔlì gōngzuò.

- '为~而~'은 서면적인 표현법으로 而은 생략할 수도 있습니다.
- 了解 liǎojiě 이해하다. 알다. 取得 qǔdé 취득하다.

082

~을 위해서 ~하다

꿈을 이루기		분투하다.
목적을 달성하기	위해서	열심히 하다.
몸을 단련하기		등산을 간다.
기술을 향상시키기		밤늦게 까지 배우다.

step 2 ▪ 패턴응용

为~而~

为 Wèi	而 ér
实现梦想 shíxiàn mèngxiǎng	奋斗。 fèndòu.
达到目的 dádào mùdì	努力干。 nǔlì gàn.
锻炼身体 duànliàn shēntǐ	去爬山。 qù páshān.
提高技术 tígāo jìshù	学习到深夜。 xuéxí dào shēnyè.

- 实现 shíxiàn 이루다. 奋斗 fèndòu 분투하다 达到 dádào 도달하다(뒤에 추상명사가 옴). 深夜 shēnyè 깊은 밤. 심야. 锻炼 duànliàn 단련하다.

083

~에게 ~하다

	에/에게	
그녀의 남편은 그녀		잘한다.
선생님은 우리		관심을 가져준다.
운동은 건강		좋다.
흡연은 건강		아주 나쁘다.

step 1 • 패턴확인

对~很~

	对 duì		很 hěn	
她爱人 Tā àiren		她 tā		好。 hǎo.
老师 Lǎoshī		我们 wǒmen		关心。 guānxīn.
运动 Yùndòng		身体 shēntǐ		好。 hǎo.
抽烟 Chōuyān		身体 shēntǐ		不好。 bù hǎo.

~에게는/ ~로서는

나		중국어가 재미있다.
그녀		이 물건이 비싸다.
	에게는	
우리		그것이 기쁜 일이다.
초등학생		한자가 배우기 어렵다.

step 2 • 패턴응용

对~来说,

| 对 Duì | 我 wǒ
她 tā
我们 wǒmen
小学生 xiǎoxuéshēng | 来说, láishuō, | 汉语很有意思。
Hànyǔ hěn yǒu yìsi.
这个东西很贵。
zhè ge dōngxi hěn guì.
那是很高兴的事。
nà shì hěn gāoxìng de shì.
汉字很难学。
Hànzì hěn nán xué. |

~에서 ~까지

에서	까지	
여기	회사	멀다
세 시	다섯 시	수업한다.
여덟 살	열세 살	초등학교에 다닌다.
초등학교	대학교	그는 중국에서 살았다.

step 1 • 패턴확인

从~到~

从 Cóng		到 dào	
	这儿 zhèr		公司很远。gōngsī hěn yuǎn.
	三点 sān diǎn		五点上课。wǔ diǎn shàng kè.
	八岁 bā suì		十三岁上小学。shísān suì shàng xiǎoxué.
	小学 xiǎoxué		大学他住在中国。dàxué tā zhù zài Zhōngguó.

~에서 ~까지 ~(시간)걸린다

여기		종점		한 시간	
학교		천안문		두 시간	
집	에서	학교	까지	운전해서 30분	걸린다.
여기		거기		자전거 타고 30분	

step 2 • 패턴응용

从~到~要~

从 Cóng	这儿 zhèr	到 dào	终点 zhōngdiǎn	要 yào	一个小时。 yí ge xiǎoshí.
	学校 xuéxiào		天安门 Tiān'ānmén		两个小时。 liǎng ge xiǎoshí.
	家 jiā		学校开车 xuéxiào kāi chē		三十分钟。 sānshí fēnzhōng.
	这儿 zhèr		那儿骑车 nàr qí chē		半个小时。 bàn ge xiǎoshí.

- 要는 동사로 쓰일 때 어느 시간이 소요된다는 뜻이 있습니다. 주로 '(시간이) 걸리다'로 해석합니다.

085	~하길 바란다	希望~
086	~하길 빕니다!	祝你~!
087	내 생각에는 ~인 것 같다	我觉得~
088	~해줘서 고마워요	谢谢~

10

동사가절과 결합하는 패턴

 Point

10 동사가 절과 결합하는 패턴

[1] ~하길 바란다 希望~

상대방에게 바람이나 요구를 나타낼 때 希望~를 써서 표현합니다.

〔공식〕 希望+절 / 구
　　　　주어+希望+절 / 구

希望你们幸福。
너희들이 행복하길 바래.

[2] ~하길 빕니다! 祝你~!

상대방에게 평안, 생일, 건강, 무사, 축복, 행복 등을 기원할 때 주로 祝你~를 써서 표현합니다.

〔공식〕 祝你+절

祝你一路平安!
건강하길 빕니다.

[3] 내 생각에는 ~인 것 같다 我觉得~

자신의 주관적인 견해나 생각을 나타낼 때 我觉得~를 써서 표현합니다.

〔공식〕 我觉得+절

 Point

我觉得派小王去比较合适。
내 생각에는 샤오왕을 보내는 것이 알맞은 것 같다.

[4] ~해줘서 고마워요 谢谢~

동사 谢谢의 목적어(감사의 대상)는 기타 전치사를 쓰지 않고 谢谢你처럼 바로 뒤에 씁니다. 谢谢 뒤에는 주로 절이 오게 됩니다.

〔공식〕 **谢谢**+절

谢谢大家来参加我们的婚礼。
모두들 결혼식에 와 줘서 감사합니다.

085

~하길 바란다

너희들 좀 일찍 오

네가 하나 더 부르

네가 행복하게 지내

당신이 몸조심하

길 바란다.

step 1 ● 패턴확인

希望～

希望
Xīwàng

你们早点儿来。
nǐmen zǎo diǎnr lái.

你再唱一个。
nǐ zài chàng yí ge.

你过得幸福。
nǐ guò de xìngfú.

您能保重身体。
nín néng bǎozhòng shēntǐ.

■ 保重 bǎozhòng 건강에 유의하다, 몸 조심하다.

~하길 바란다

나는 우리가 앞으로 자주 연락하길 바란다.

나는 그의 사업이 성공하길 바란다.

우리는 지구상에 더 이상 전쟁이 없길 바란다.

나는 이상적인 직업을 찾길 바란다.

step 2 • 패턴응용

希望~

我 Wǒ		我们以后多联系。 wǒmen yǐhòu duō liánxì.
我 Wǒ	**希望** xīwàng	他的事业取得成功。 tā de shìyè qǔdé chénggōng.
我们 Wǒmen		地球上不再有战争。 dìqiú shàng bú zài yǒu zhànzhēng.
我 Wǒ		找到一份理想的工作。 zhǎodào yí fèn lǐxiǎng de gōngzuò.

- **联系** liánxì 연락하다. **战争** zhànzhēng 전쟁.

086

~하길 빕니다!

즐거운 생일 되

가시는 길 평안하

길 빕니다!

즐거운 새해 되

즐거운 여행되

step 1 • 패턴확인 □

祝你~!

祝你
Zhù nǐ

生日快乐!
shēngrì kuàilè!

一路平安!
yí lù píng'ān!

新年快乐!
xīnnián kuàilè!

旅行愉快!
lǚxíng yúkuài!

■ 祝你 뒤에는 구조상으로 볼 때 주로 4음절 어휘가 오게 됩니다.

086

~하길 빕니다!

만사형통하

가시는 길 별 탈 없

영원히 행복하

좋은 성과 이룩하

길 빕니다!

祝你~!

祝你
Zhù nǐ

万事如意!
wàn shì rú yì!

一路顺风!
yí lù shùn fēng!

永远幸福!
yǒngyuǎn xìngfú!

事业有成!
shìyè yǒuchéng!

내 생각에는 ~인 것 같다

	그녀가 이 옷을 입으면 예쁜	
	그가 많은 것을 배운	
내 생각에는	그가 이렇게 기뻐한 적이 없었던	**것 같다.**
	나의 중국어가 빨리 향상된	

step 1 • 패턴확인 □

我觉得~

我觉得
Wǒ juéde

她穿这件衣服好看。
tā chuān zhè jiàn yīfu hǎokàn.

他学到了很多东西。
tā xuédàole hěn duō dōngxi.

他从来没这么高兴过。
tā cónglái méi zhème gāoxìngguo.

自己汉语进步特别快。
zìjǐ Hànyǔ jìnbù tèbié kuài.

- 觉得는 자신의 판단을 나타내지만 그다지 확실하지 않은 느낌을 나타내므로 확고한 판단의 의미인 认为(확실히 그렇다고 생각하다)보다 어감이 약합니다.

087

내 생각에는 ~인 것 같다

내 생각에는 … 이 가격이 알맞지 않은 … 것 같다.

내 생각에는 … 그녀의 심리가 불안한 … 것 같다.

내 생각에는 … 그의 말이 일리가 있는 … 것 같다.

내 생각에는 … 흡연과 음주는 몸에 나쁜 … 것 같다.

step 2 ● 패턴응용

我觉得~

我觉得
Wǒ juéde

这价格不合适。
zhè jiàgé bù héshì.

她的心理不安。
tā de xīnlǐ bù'ān.

他的话很有道理。
tā de huà hěn yǒu dàolǐ.

抽烟喝酒对身体不好。
chōuyān hē jiǔ duì shēntǐ bù hǎo.

※ 合适 héshì 알맞다. 道理 dàolǐ 일리.

~해줘서 고마워요

나를 만나러 와

나를 집에 바래다

우리를 초대해

나를 역으로 배웅해

줘서 고마워요.

step 1 • 패턴확인 □

谢谢~

谢谢
Xièxie

你来看我。
nǐ lái kàn wǒ.

你送我回家。
nǐ sòng wǒ huí jiā.

你请我们来。
nǐ qǐng wǒmen lái.

你送我到车站。
nǐ sòng wǒ dào chēzhàn.

088

~해줘서 고마워요

당신들이 제 목숨을 구해

제 열쇠를 찾아

제게 이렇게 많은 도움을

저희 호텔의 방을 예약해

줘서 고마워요.

step 2 • 패턴응용

谢谢~

谢谢
Xièxie

你们救了我的命。
nǐmen jiùle wǒ de mìng.

你帮我找到我的钥匙。
nǐ bāng wǒ zhǎo dào wǒ de yàoshi.

你给了我这么大的帮助。
nǐ gěile wǒ zhème dà de bāngzhù.

您预订我们宾馆的房间。
nín yùdìng wǒmen bīnguǎn de fángjiān.

■ 救命 jiù mìng 목숨을 구하다. 预订 yùdìng 예약하다.

089 ~을 ~에/으로 ~하다　　　　把~到~

090 ~에 의해/에게 ~하다　　　　被~

11

특 수 구 문

패 턴

 Point

11 특수구문 패턴

목적어를 강조하는 把자문과 피동을 표현하는 被자문

[1] ~을 ~에/으로 ~하다 把~到~

사람이나 사물을 어느 장소로 이동함을 나타낼 때 把~到~의 형식으로 표현합니다.

〔공식〕 주어+把+목적어+동사+到+명사(장소)

我把手机放到书包里。
나는 휴대폰을 가방에 넣는다.

[2] ~에 의해/에게 ~하다 被~

동작행위를 받는 대상(피해자)이 주어로 쓰여 피동의 의미를 나타낼 때 被자문으로 표현합니다.

〔공식〕 주어(피해자)+被+동작 주체(가해자)+동사+보어

他被蚊子叮了。
그는 모기에게 쏘였다.

Key Point

tip 被 vs 叫/让

피동을 나타내는 전치사는 被 외에도 叫나 让 등이 쓰입니다. 被 뒤에는 행동의 주체를 생략할 수 있지만 叫나 让은 생략하지 않습니다.

晚上有人打电话给我，我被吵醒了。
저녁에 누가 내게 전화해서 시끄러워 깼다.

他叫老师批评了一顿。(O)　他叫批评了一顿。(×)
그는 선생님에게 야단맞았다.

自行车让人借走了。(O)　　自行车让借走了。(×)
자전거를 누가 빌려갔다.

~을 ~에/으로 ~하다

	를(을)		~에/으로	
그는 환자		병원		보낸다.
나는 옷		세탁기 안		넣는다.
그는 차		운동장 입구		대었다.
그들은 의자		교실 밖		옮겨놓았다.

step 1 • 패턴확인

把~到~

他 Tā		病人送 bìngrén sòng		医院去。 yīyuàn qù.
我 Wǒ	把 bǎ	衣服放 yīfu fàng	到 dào	洗衣机里。 xǐyījī lǐ.
他 Tā		汽车开 qìchē kāi		运动场门口了。 yùndòngchǎng ménkǒu le.
他们 Tāmen		椅子搬 yǐzi bān		教室外边去了。 jiàoshì wàibiān qù le.

089

~을 ~에/으로 ~하다

	를(을)		~에/으로	
한국은 자동차		외국		수출한다.
우편배달원이 편지		그의 집		갖다 준다.
그는 소포		중국		부쳤다.
가이드는 관광객		고궁		안내했다.

step 2 • 패턴응용

把~到~

	把 bǎ		到 dào	
韩国 Hánguó		汽车出口 qìchē chūkǒu		外国。 wàiguó.
邮递员 Yóudìyuán		信送 xìn sòng		他家里。 tā jiā lǐ.
他 Tā		包裹寄 bāoguǒ jì		中国去了。 Zhōngguó qù le.
导游 Dǎoyóu		游客带 yóukè dài		故宫里去了。 Gùgōng lǐ qù le.

■ 邮递员 yóudìyuán 우체부. 导游 dǎoyóu 가이드. 出口 chūkǒu 수출하다. 故宫 Gùgōng 북경의 자금성.

~에 의해/에게 ~하다

	에 의해/에게	
그녀의 얼굴은 모기		물렸다.
왕 선생님은 사람들		초청되어 왔다.
아이가 개		물렸다.
도둑은 경찰		잡혔다.

step 1 • 패턴확인

被~

她脸上 Tā liǎn shàng		蚊子叮了。 wénzi dīng le.
王老师 Wáng lǎoshī	被 bèi	人请来了。 rén qǐng lái le.
孩子 Háizi		狗咬了。 gǒu yǎo le.
小偷 Xiǎotōu		警察抓起来了。 jǐngchá zhuā qǐlai le.

■ 被 뒤에는 행동의 주체를 생략할 수 있습니다.

090

~에 의해/ ~에게 ~하다

내 라디오는 그　　　　　　　　　　　고장 났다.

그 나무는 바람　　　　　　　　　　　쓰러졌다.

　　　　　　　　~에 의해/~에게

이 옷은 땀　　　　　　　　　　　　젖었다.

내 자전거는 남동생　　　　　　　　타고 갔다.

step 2 • 패턴응용

被~

我的收音机
Wǒ de shōuyīnjī

那棵树
Nà kē shù

这件衣服
Zhè jiàn yīfu

我的自行车
Wǒ de zìxíngchē

被
bèi

他弄坏了。
tā nòng huài le.

大风刮倒了。
dàfēng guā dǎo le.

汗水弄湿了。
hànshuǐ nòng shī le.

我弟弟骑走了。
wǒ dìdi qí zǒu le.

■ 刮风 guāfēng 바람이 불다. 湿 shī 젖다. 축축하다.

memo

memo